# わからないを わかるにかえる 英検® 単語帳

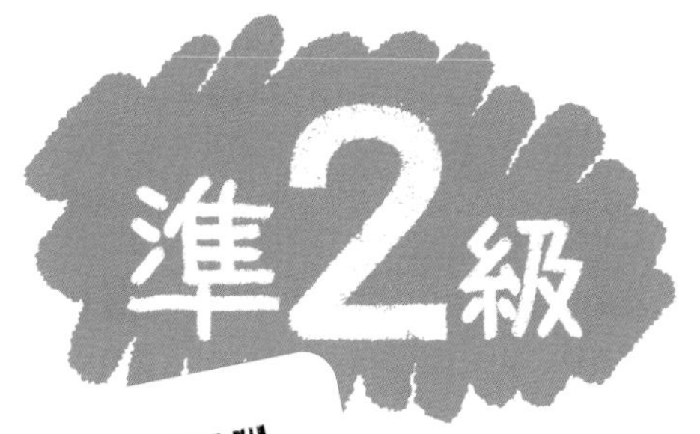

BUNRI

# はじめに INTRODUCTION

この度，大人気の超基礎問題集『わからないをわかるにかえる』の英検シリーズに単語帳が登場しました。英検合格を目指してがんばるみなさまの中には，「おぼえたつもりなのに，試験に出るとわからない」「試験までに１冊の単語帳をやり切れない」といった悩みを抱えている方々も多いのではないかと思います。これらの悩みを解決するべく，様々な工夫を凝らした**絶対におぼえられる単語帳**が誕生しました。

## 1 別冊の『テストブック』で定着が確認できる！

本書には別冊で『**わかるにかえる! 5分間テストブック**』をつけました。単語帳の１回分の学習量（見開き２ページ）に１ページで対応しています。**すべての単語・熟語**が出題されるので，もれなく定着の確認ができます。

## 2 単語・熟語を厳選し，1単元分の取り組む分量が明確だから，最後までやり切れる！

過去問を分析し，**合格に必要な単語・熟語を厳選**。**単語帳２ページ＋テストブック１ページ**で，計画的に勉強を進めやすい構成にしました。

## 3 開きやすいから書き込んで使える！

つくえの上で開いて書き込みができるように，**開きやすい製本**にしました。単語帳に書き込みをしたり，単語帳を見ながら別の紙に写したり…定着に欠かせない「書く」練習にも最適です。

## 4 掲載されているすべての英語を無料の音声で確認できる！

単語帳に掲載されている**すべての見出し語・フレーズ・例文**に音声をつけました。音声を聞きながら勉強すると，リスニング問題にも役立ちます。

## 5 無料単語学習アプリ『どこでもワーク』でいつでもどこでも見直せる！

スキマ時間にも学習ができる単語学習アプリをつけました。**単語・熟語カード**と**３択クイズ**の２つの機能によって，くりかえし学習することが可能です。

# もくじ CONTENTS



## 単語編



## 熟語編



## 会話表現編



イラスト：
BONNOUM

# この本の構成

## （ 単語編 ）

過去問を分析して，英検に
**「とてもよく出る単語」**と
**「よく出る単語」**を
**品詞別**に収録しました！

**●見出し語の和訳：**英検によく出る意味を中心に紹介します。赤シートを使ってチェックができます。

**単語帳**

1 とてもよく出る単語
**動詞①**

0001～0016

| | | |
|---|---|---|
| 0001 | **train** [trein] トゥレイン | 動 ～を訓練する，トレーニングする 名 列車，電車 ▶ train our employees 従業員を訓練する |
| 0002 | **practice** [prǽktis] プラクティス | 動 ～を練習する，～を実行する 名 練習，実行 ▶ practice speaking German ドイツ語を話す練習をする |
| 0003 | **park** [pɑːrk] パーク | 動 ～を駐車する 名 公園 ▶ park the car in the garage ガレージに車を駐車する |
| 0004 | **move** [muːv] ムーヴ | 動 引っ越す，～を動かす ▶ move to a new apartment 新しいアパートに引っ越す |
| 0005 | **carry** [kǽri] キャリィ | 動 ～を運ぶ，～を持ち歩く ▶ carry a heavy suitcase 重いスーツケースを運ぶ |
| 0006 | **decide** [disáid] ディサイド | 動 ～を決心する ▶ decide to go home 家に帰ることを決心する |
| 0007 | **order** [ɔ́ːrdər] オーダァ | 動 ～を注文する，～を命じる 名 注文，命令 ▶ order groceries online オンラインで食料品を注文する |
| 0008 | **wait** [weit] ウェイト | 動 待つ ▶ wait for him at the theater 劇場で彼を待つ |

practice ～ing「～する練習をする」の形でよく使われるよ。

12

**●見出し語：**英検によく出る順番で単語を紹介します。

**●フレーズと和訳：**英検によく出る形で紹介します。見出し語にあたる部分の和訳は赤シートで隠すことができます。

**●チェック欄：**おぼえていなかった単語には✓を入れましょう。

**●発音記号・カタカナ表記：**見出し語の読み方を表します。カタカナ表記はあくまでも目安です。

**●コメント：**単語をおぼえるための知識や英検で出題されるときのポイントをキャラクターが説明します。

※このコンテンツは，公益財団法人 日本英語検定協会の承認や推奨，その他の検討を受けたものではありません。

●音声ファイル名・QRコード：音声を聞くことができます。→くわしくは**p.7**

※QRコードは(株)デンソーウェーブの登録商標です。

●インジケーター：何語まで取り組んだかがわかります。

0 500 1000 1220

■0009
**check**
[tʃek] チェック
動 ～を確かめる，～を調べる
名 検査
▶ check basic information　基本情報を確かめる

■0010
**pay**
[pei] ペイ
動 ～を支払う　名 給料
変化形 pay - paid - paid
▶ pay my water bill　水道料金を支払う

■0011
**build**
[bild] ビルド
動 ～を建てる，～を築く
変化形 build - built - built
▶ build a stadium　スタジアムを建てる

■0012
**plant**
[plænt] プラント
動 ～を植える，(種)をまく
名 植物，工場
▶ plant flowers in the garden　庭に花を植える

■0013
**grow**
[grou] グロウ
動 成長する，～を育てる
変化形 grow - grew - grown
▶ grow rapidly　急成長する

植物を育てるときは grow，子どもを育てるときは bring up を使うよ。

とてもよく出る単語　動詞

■0014
**travel**
[trævl] トゥラヴル
動 旅行する
名 旅行
▶ travel around the world　世界中を旅行する

■0015
**win**
[win] ウィン
動 ～に勝つ，～を勝ち取る
変化形 win - won - won
▶ win the game　試合に勝つ

■0016
**fail**
[feil] フェイル
動 (学科・試験)に落ちる，失敗する

テストブック対応ページ

▶『5分間テストブック』を解いてみよう！　➡ 別冊 p.4

●単語の問題：**すべての単語に対応した問題**を収録。赤シートを使って定着をチェックしましょう。**取り外して持ち運ぶ**こともできます。

テストブック

1 とてもよく出る単語
動詞①

**1** 次の単語の意味をおぼえているか確認しましょう。

| | | | |
|---|---|---|---|
| □(1) move | 引っ越す | □(2) train | ～を訓練する |
| □(3) decide | ～を決心する | □(4) park | ～を駐車する |
| □(5) grow | 成長する | □(6) wait | 待つ |
| □(7) plant | ～を植える | □(8) order | ～を注文する |

ヒント ★～を植える ★成長する ★～を駐車する ★～を決心する ★待つ ★～を注文する ★～を訓練する ★引っ越す

**2** 日本語に合うように，(　)内の適する単語を選びましょう。

□(1) ( enter / win ) the game　試合に勝つ
□(2) ( build / pick ) a stadium　スタジアムを建てる
□(3) ( pay / fix ) my water bill　水道料金を支払う
□(4) ( join / travel ) around the world　世界中を旅行する
□(5) ( check / need ) basic information　基本情報を確かめる
□(6) ( improve / fail ) a math exam　数学の試験に落ちる
□(7) ( find / carry ) a heavy suitcase　重いスーツケースを運ぶ
□(8) ( practice / support ) speaking German　ドイツ語を話す練習をする

単語帳対応ページ

4　▶ おぼえていなかった単語は 単語帳 12 ページ にもどって，もういちど確認しよう。

単語帳 と テストブック を いったりきたり！ **くりかえし学習することが大切。**

POINT!

# 熟語編・会話表現編

## 熟語編

過去問を分析して，
「とてもよく出る熟語」と
「よく出る熟語」を収録しました。
英検によく出る用例を調べ，
すべてに例文を掲載。
音声を聞きながら
学習しましょう。

## 会話表現編

過去問を分析して，
**よく出る50の表現**を
厳選しました。
会話例やコメントから，
英検ではどのように
出題されるのかが
わかります。

51 とてもよく出る熟語
動詞の働きをする熟語①　0801～0814

0801 **help ～ to *do*** ～が…するのを助ける
▶ I **help** her **to clean** the room.
私は彼女が部屋を掃除するのを助ける。



0802 **take care of ～** ～の世話をする
▶ I will **take care of** the cat.
私はそのネコの世話をするつもりだ。

0803 **look after ～** ～の世話をする
▶ I sometimes **look after** my little sister.
私はときどき妹の世話をする。

0804 **used to *do*** 以前は～だった，以前は(よく)～した
▶ They **used to live** in the town.
彼らは以前はその町に住んでいた。

0805 **pay for ～** ～の費用を払う
▶ I **paid for** the concert tickets online.
私はオンラインでコンサートのチケットの費用を払った。

0806 **find out ～** ～を見つけ出す
▶ I **found out** where the safe key was.
私は金庫のかぎがどこにあるのかを見つけ出した。

0807 **be worried about ～** ～を心配する
▶ You don't have to **be worried about** the problem.
あなたはその問題を心配する必要はありません。

116

会話表現①　01～10

01 **Why don't you *do*?** ～したらどうですか。
A: This coffee is too hot to drink.
このコーヒーは熱すぎて飲めません。
B: **Why don't you put** some milk in it?
ミルクを入れたらどうですか。

02 **Why don't we *do*?** ～しましょう。
A: **Why don't we have** lunch together?
一緒に昼食を食べましょう。
B: Good idea.
いい考えですね。

03 **What's the matter?** どうしたのですか。
A: **What's the matter?** You don't look well.
どうしたのですか。元気がなさそうですね。
B: I have a little headache.
少し頭痛がするんです。

04 **How do you like ～?** ～はどうですか。
A: **How do you like** your new job?
新しい仕事はどうですか。
B: I like it very much.
とても気に入っています。



05 **Not really.** それほどでもありません。
A: Are you hungry now?
今，おなかがすいていますか。
B: **Not really.**
それほどでもありません。

180

熟語も **テストブック** **に対応！**すべての熟語の定着をチェックできます。

# 表記・音声について

## 表記について

| | |
|---|---|
| 品詞 | 動 動詞　名 名詞　形 形容詞　副 副詞　接 接続詞<br>前 前置詞　代 代名詞　助 助動詞 |
| 語形変化 | 変化形　**go - went - gone**<br>不規則に変化する動詞を，**原形-過去形-過去分詞**の順に紹介します。 |
| 発音・アクセント | 発音　発音に注意するべき語<br>▼ アクセント　アクセントに注意するべき語 |
| その他の表記 | ▶ フレーズ・例文　**( )** 省略可能，補足説明　**[ ]** 直前の語句と言い換え可能<br>***one's, oneself*** 人を表す語句が入る　***do*** 動詞の原形が入る<br>***doing*** 動詞の-ing形が入る　**to *do*** <to＋動詞の原形>が入る |

## 音声の再生方法

本書では以下の音声を ❶ ～ ❸ の３つの方法で再生することができます。

- **単語編**：見出し語→見出し語の和訳，見出し語→フレーズ・例文（英語）
- **熟語編**：見出し語→見出し語の和訳，見出し語→例文（英語）
- **会話表現編**：見出し語→見出し語の和訳，見出し語→例文（英語）

### 1 QRコードを読み取る

各単元の冒頭についている，QRコードを読み取ってください。

1　とてもよく出る単語　**動詞①**　0001～0016

### 2 PC・スマートフォンからアクセスする

WEBサイト **https://listening.bunri.co.jp/** へアクセスし，
**アクセスコード** ［ CTWNK ］ を入力してください。

### 3 音声をダウンロードする

文理ホームページよりダウンロードも可能です。
**URL：https://portal.bunri.jp/kaeru/eiken-tango/appendix.html**

※【スマホ推奨ブラウザ】iOS 端末：Safari　Android 端末：標準ブラウザ，Chrome

# この本の使い方 単語帳とテストブック

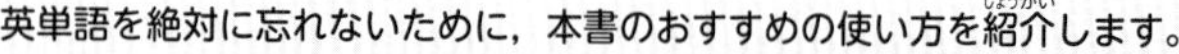

英単語を絶対に忘れないために，本書のおすすめの使い方を紹介します。

## 1回分の使い方

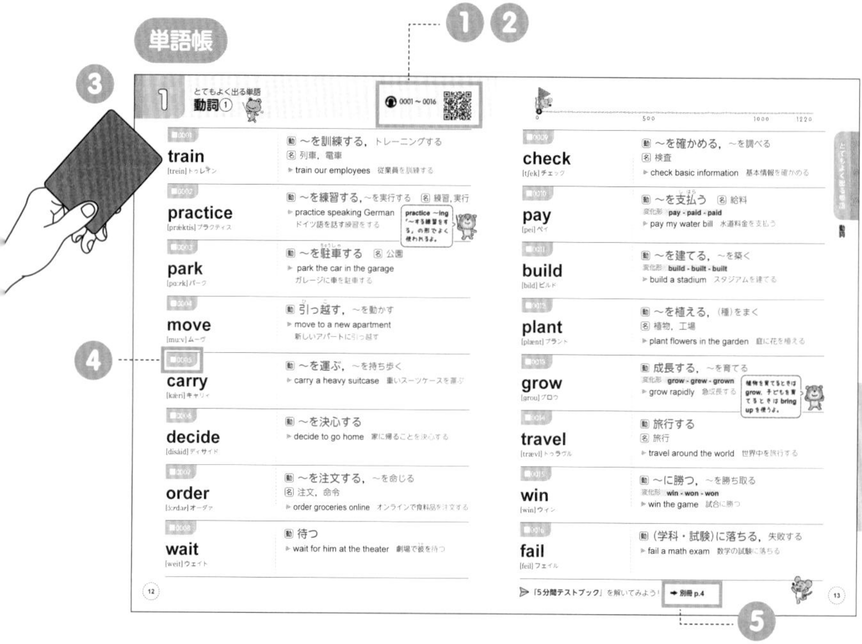

単語帳

① ② ③ ④ ⑤

1 とてもよく出る単語 動詞①　0001～0016

0　500　1000　1220

| No. | 見出し語 | 意味・例 |
|---|---|---|
| 0001 | **train** [trein] トゥレイン | 動 ～を訓練する，トレーニングする 名 列車，電車 ▶ train our employees 従業員を訓練する |
| 0002 | **practice** [præktis] プラクティス | 動 ～を練習する，～を実行する 名 練習，実行 ▶ practice speaking German ドイツ語を話す練習をする（practice ～ing「～する練習をする」の形でよく使われるよ。） |
| 0003 | **park** [pɑːrk] パーク | 動 ～を駐車する 名 公園 ▶ park the car in the garage ガレージに車を駐車する |
| 0004 | **move** [muːv] ムーヴ | 動 引っ越す，～を動かす ▶ move to a new apartment 新しいアパートに引っ越す |
| 0005 | **carry** [kæri] キャリィ | 動 ～を運ぶ，～を持ち歩く ▶ carry a heavy suitcase 重いスーツケースを運ぶ |
| 0006 | **decide** [disáid] ディサイド | 動 ～を決心する ▶ decide to go home 家に帰ることを決心する |
| 0007 | **order** [ɔ́ːrdər] オーダァ | 動 ～を注文する，～を命じる 名 注文，命令 ▶ order groceries online オンラインで食料品を注文する |
| 0008 | **wait** [weit] ウェイト | 動 待つ ▶ wait for him at the theater 劇場で彼を待つ |
| 0009 | **check** [tʃek] チェック | 動 ～を確かめる，～を調べる 名 検査 ▶ check basic information 基本情報を確かめる |
| 0010 | **pay** [pei] ペイ | 動 ～を支払う 名 給料 変化形 pay - paid - paid ▶ pay my water bill 水道料金を支払う |
| 0011 | **build** [bild] ビルド | 動 ～を建てる，～を築く 変化形 build - built - built ▶ build a stadium スタジアムを建てる |
| 0012 | **plant** [plænt] プラント | 動 ～を植える，（種）をまく 名 植物，工場 ▶ plant flowers in the garden 庭に花を植える |
| 0013 | **grow** [grou] グロウ | 動 成長する，～を育てる 変化形 grow - grew - grown ▶ grow rapidly 急成長する（植物を育てるときは grow，子どもを育てるときは bring up を使うよ。） |
| 0014 | **travel** [trævl] トゥラヴル | 動 旅行する 名 旅行 ▶ travel around the world 世界中を旅行する |
| 0015 | **win** [win] ウィン | 動 ～に勝つ，～を勝ち取る 変化形 win - won - won ▶ win the game 試合に勝つ |
| 0016 | **fail** [feil] フェイル | 動 （学科・試験）に落ちる，失敗する ▶ fail a math exam 数学の試験に落ちる |

12　13

▷「5分間テストブック」を解いてみよう！ ➡ 別冊 p.4

HOW TO USE

❶ 単語音声を聞く「見出し語→見出し語の和訳」の音声を聞きます。音とあわせて単語のつづりを確認しましょう。

❷ フレーズや例文の音声を聞く フレーズや例文の音声を聞きます。

❸ 赤シートで確認する 見出し語の和訳を隠しておぼえているかどうか確認します。

❹ チェックする すぐに意味が思い浮かばなかった単語にはチェックをつけておきます。復習して完全に身についていたら，チェックを消しましょう。

❺ 別冊のテストブックに挑戦する テストブックの該当のページを開きましょう。

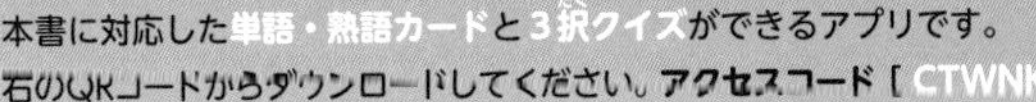


本書に対応した単語・熟語カードと3択クイズができるアプリです。
右のQRコードからダウンロードしてください。アクセスコード［CTWNK］

※音声配信サービスおよび「どこでもワーク」は無料ですが，別途各通信会社の通信料がかかります。
※お客様のネット環境および端末によりご利用いただけない場合がございます。

## テストブック

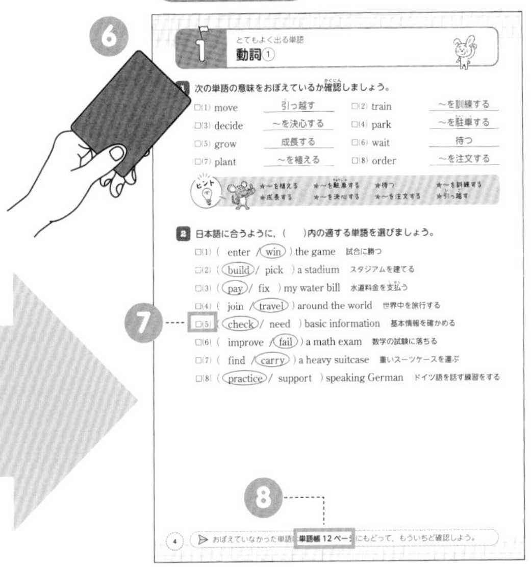

⑥ **テストをとく** 赤シートを使ってテストをときます。

テストでは単語帳の見開き２ページで学習したすべての単語の確認ができます。

⑦ **チェックする** わからなかった単語にはチェックをつけておきます。

⑧ **単語帳対応ページを確認する** テストで間違えたところは単語帳にもどってもう一度確認しましょう。

## この本の使い方 タイプ別学習方法

英単語を絶対に忘れないために，本書のおすすめの使い方を紹介(しょうかい)します。

### 本番まで2か月 コツコツゆっくりコース

スタート！

2か月前 → 1か月前 → 本番

- 平日は1単元×5日　週末は3単元×2日（2か月前〜本番）
- チェックが入った単語を**復習**（1か月前〜本番）

2か月お疲(つか)れ様(さま)！ チェックが入った単語を総復習しよう！

### 本番まで1か月 週末集中コース

スタート！

1か月前 → 本番

- 週末に11単元×2日
- 平日のスキマ時間に『**どこでもワーク**』で強化！

スキマ時間をうまく使えたかな？ チェックが入った単語を見直そう！

### 本番まで2週間 直前追(お)い込(こ)みコース

スタート！

2週間前 → 本番

- 平日は5単元×5日　週末は9単元×2日
- 3日に1回チェックが入った単語を**復習**

短い期間でよくがんばったね！ チェックが入った単語を中心に仕上げよう！

### あなたはどのコースで学習する？

○をつけて，進め方の参考にしましょう。

コツコツゆっくりコース ／ 週末集中コース ／ 直前追い込みコース

予定にあわせて，1日の単元数を調節してね！

単語編

# とてもよく出る 単語400

この章では英検で
とてもよく出る単語を学習するよ！
くりかえし学習して確実に身につけよう！

0001 ～ 0016

■0001

## train

[trein] トゥレイン

動 ～を訓練する，トレーニングする
名 列車，電車

▶ train our employees　従業員を訓練する

■0002

## practice

[prǽktis] プラクティス

動 ～を練習する，～を実行する　名 練習，実行

▶ practice speaking German
ドイツ語を話す練習をする

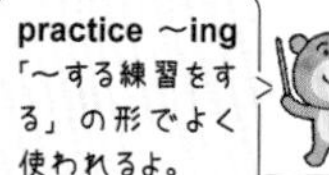


■0003

## park

[pɑːrk] パーク

動 ～を駐車(ちゅうしゃ)する　名 公園

▶ park the car in the garage
ガレージに車を駐車する

■0004

## move

[muːv] ムーヴ

動 引(ひ)っ越(こ)す，～を動かす

▶ move to a new apartment
新しいアパートに引っ越す

■0005

## carry

[kǽri] キャリィ

動 ～を運ぶ，～を持ち歩く

▶ carry a heavy suitcase　重いスーツケースを運ぶ

■0006

## decide

[disáid] ディサイド

動 ～を決心する

▶ decide to go home　家に帰ることを決心する

■0007

## order

[ɔ́ːrdər] オーダァ

動 ～を注文する，～を命じる
名 注文，命令

▶ order groceries online　オンラインで食料品を注文する

■0008

## wait

[weit] ウェイト

動 待つ

▶ wait for him at the theater　劇場で彼(かれ)を待つ

■0009

## check

[tʃek] チェック

動 ～を確かめる，～を調べる
名 検査
▶ check basic information　基本情報を確かめる

■0010

## pay

[pei] ペイ

動 ～を支払う　名 給料
変化形　**pay - paid - paid**
▶ pay my water bill　水道料金を支払う

■0011

## build

[bild] ビルド

動 ～を建てる，～を築く
変化形　**build - built - built**
▶ build a stadium　スタジアムを建てる

■0012

## plant

[plænt] プラント

動 ～を植える，(種)をまく
名 植物，工場
▶ plant flowers in the garden　庭に花を植える

■0013

## grow

[grou] グロウ

動 成長する，～を育てる
変化形　**grow - grew - grown**
▶ grow rapidly　急成長する

植物を育てるときはgrow，子どもを育てるときはbring upを使うよ。

■0014

## travel

[trævl] トゥラヴル

動 旅行する
名 旅行
▶ travel around the world　世界中を旅行する

■0015

## win

[win] ウィン

動 ～に勝つ，～を勝ち取る
変化形　**win - won - won**
▶ win the game　試合に勝つ

■0016

## fail

[feil] フェイル

動 (学科・試験)に落ちる，失敗する
▶ fail a math exam　数学の試験に落ちる

『5分間テストブック』を解いてみよう！　➡ 別冊 p.4

# 動詞②

0017～0032

■0017

## lose

[lu:z] ルーズ

動 ～を失う，～に負ける

変化形 **lose - lost - lost**

▶ lose my job 仕事を失う

■0018

## change

[tʃeindʒ] チェインヂ

動 ～を変える

名 変化，釣(つ)り銭(せん)

▶ change the schedule 予定を変える

■0019

## exchange

[ikstʃéindʒ] イクスチェインヂ

動 ～を交換(こうかん)する，～を両替(りょうがえ)する

名 交換，両替

▶ exchange ideas 意見を交換する

■0020

## cost

[kɔ:st] コースト

動 （費用）がかかる

名 費用

▶ cost more than ten dollars 10ドル以上がかかる

■0021

## worry

[wə́:ri] ワーリィ

動 心配する 名 心配

▶ worry about her future 彼女(かのじょ)の将来について心配する

worry about ～で「～について心配する」という意味だよ。

■0022

## leave

[li:v] リーヴ

動 ～を…のままにしておく，～を置き忘れる

変化形 **leave - left - left**

▶ leave him alone 彼(かれ)を1人のままにしておく

■0023

## arrive

[əráiv] アライヴ

動 到着(とうちゃく)する

▶ arrive at the airport 空港に到着する

■0024

## reach

[ri:tʃ] リーチ

動 ～に到着する

▶ reach the station 駅に到着する

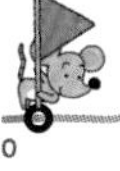




■0025

## borrow
[bɔ́:rou] ボーロウ

動 ～を借りる

▶ borrow a car from my friend　友人から車を借りる

> **borrow** は「(無料で)～を借りる」
> **rent** は「(有料で)～を借りる」という意味だよ。

■0026

## rent
[rent] レント

動 ～を借りる，～を貸す

名 賃貸料(ちんたいりょう)，家賃

▶ rent a house from him　彼から家を借りる

■0027

## lend
[lend] レンド

動 ～に…を貸す

変化形　**lend - lent - lent**

▶ lend her money　彼女にお金を貸す

■0028

## sound
[saund] サウンド

動 ～に思われる

名 音，物音

▶ Sounds like fun.　楽しそうに思われる。

■0029

## seem
[si:m] スィーム

動 ～のようだ，～のように思われる

▶ seem to be a little nervous
少し緊張(きんちょう)しているようだ

■0030

## save
[seiv] セイヴ

動 ～を節約する，～を蓄(たくわ)える

▶ save time and money　時間とお金を節約する

■0031

## waste
[weist] ウェイスト

動 ～を浪費(ろうひ)する

名 浪費，無駄(むだ)

▶ waste energy　エネルギーを浪費する

■0032

## taste
[teist] テイスト

動 ～な味がする

名 味

▶ taste sweet　甘(あま)い味がする

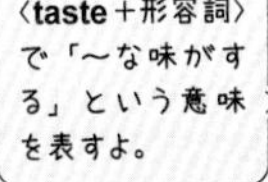

『5分間テストブック』を解いてみよう！　➡ 別冊 p.5

# 動詞③

🎧 0033 ～ 0048

---

■0033

## smell

[smel] スメル

動 ～のにおいがする

名 におい

▶ smell good　いいにおいがする

---

■0034

## miss

[mis] ミス

動 ～に乗(の)り損(そこ)なう, ～がいなくて寂(さび)しく思う

▶ miss the train　電車に乗り損なう

---

■0035

## happen

[hæpn] ハプン

動 (偶然(ぐうぜん))起こる

▶ a surprising thing happens
驚(おどろ)くべきことが(偶然)起こる

What happened?
「何が起こったの」は会話でよく使われるよ。

---

■0036

## pick

[pik] ピック

動 ～を摘(つ)む, ～を選ぶ

▶ pick flowers　花を摘む

---

■0037

## choose

[tʃu:z] チューズ

動 ～を選ぶ, ～を選択(せんたく)する

変化形　**choose - chose - chosen**

▶ choose a restaurant　レストランを選ぶ

---

■0038

## share

[ʃeər] シェア

動 ～を共有する, ～を分け合う　名 分け前

▶ share information with my teammates
チームメイトと情報を共有する

---

■0039

## join

[dʒɔin] ヂョイン

動 ～に加わる, ～に参加する

▶ join a club　クラブに加わる

---

■0040

## add

[æd] アッド

動 ～を加える

▶ add salt to the soup　スープに塩を加える

■0041

**enter**

[éntər] エンタァ

動 **～に入る,** ～に参加[出場]する

▶ enter a high school　高校に入る

■0042

**cancel**

[kǽnsl] キャンスル

動 **～を取り消す,** ～を中止する

名 取り消し

▶ cancel a flight　フライトを取り消す

■0043

**reserve**

[rizə́ːrv] リザーヴ

動 **～を予約する,** ～を取っておく

▶ reserve a single room
シングルルームを予約する

名詞は **reservation**「予約」だよ。

■0044

**repair**

[ripéər] リペア

動 **～を修理する**

名 修理

▶ repair my watch　私の腕時計(うでどけい)を修理する

■0045

**fix**

[fiks] フィックス

動 **～を修理する,** ～を固定する

▶ fix a computer　コンピューターを修理する

■0046 発音

**design**

[dizáin] ディザイン

動 **～をデザイン[設計]する**

名 デザイン，設計

▶ design a poster　ポスターをデザインする

■0047

**turn**

[təːrn] ターン

動 **曲がる,** 変わる

名 順番，回転

▶ turn right at the lights　信号で右に曲がる

■0048

**report**

[ripɔ́ːrt] リポート

動 **～を報道する,** ～を報告する

名 報道，報告

▶ report the news　ニュースを報道する

『**5分間テストブック**』を解いてみよう！ ➡ 別冊 p.6

0049 ～ 0064

## invite

[inváit] インヴァイト

動 ～を招待する

▶ invite friends to the party
友人をパーティーに招待する

## allow

[əláu] アラウ

動 ～を許す

▶ allow you to go to the concert
あなたがコンサートに行くのを許す

## care

[keər] ケア

動 気にかける　名 世話，注意

▶ care about each other
お互(たが)いを気にかける

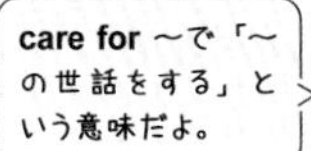

## mind

[maind] マインド

動 ～を気にする[嫌(いや)がる]，～に気をつける
名 心，精神

▶ mind what she said　彼女(かのじょ)が言ったことを気にする

0053

## create

[kriéit] クリエイト

動 ～を生み出す，～を創造する

▶ create new value
新しい価値を生み出す

## shape

[ʃeip] シェイプ

動 ～を形成する，～を形作る　名 形，形状

▶ shape my character
自分の性格を形成する

## return

[ritə́ːrn] リターン

動 帰る，戻(もど)る
名 帰る[戻る]こと

▶ return from a trip　旅行から帰る

## relax

[rilǽks] リラックス

動 くつろぐ，～をくつろがせる

▶ relax at the beach　海辺でくつろぐ

0057
**surprise**
[sərpráiz] サプライズ

動 ～を驚(おどろ)かせる　名 驚き
▶ surprise everyone　みんなを驚かせる

be surprised at ～
「～に驚く」という形でよく使われるよ。

0058　アクセント
**volunteer**
[vɑləntíər] ヴァランティア

動 ボランティアをする，～を自発的に申し出る　名 ボランティア，志願者
▶ volunteer at the hospital　病院でボランティアをする

0059
**suggest**
[səd͡ʒést] サヂェスト

動 ～を提案する，～を暗示する
▶ suggest taking a rest　休憩(きゅうけい)することを提案する

0060
**pass**
[pæs] パス

動 ～に合格する，～を手渡(てわた)す
名 通行証，定期券
▶ pass a driving test　運転免許試験(うんてんめんきょしけん)に合格する

0061
**hold**
[hould] ホウルド

動 ～を開催(かいさい)する，～を持つ
変化形　**hold - held - held**
▶ hold a summer festival　夏祭りを開催する

0062　発音
**guess**
[ges] ゲス

動 ～を推測する
名 推測
▶ guess how old he is　彼(かれ)の年齢(ねんれい)を推測する

0063
**bake**
[beik] ベイク

動 (パンなど)を焼く
▶ bake bread　パンを焼く

0064
**hurt**
[həːrt] ハート

動 ～を傷つける，痛む
名 けが，傷
変化形　**hurt - hurt - hurt**
▶ hurt her feelings　彼女の気持ちを傷つける

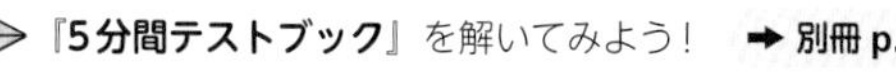
『5分間テストブック』を解いてみよう！　➡ 別冊 p.7

# 動詞⑤

0065〜0080

0065 ▼アクセント

## damage

[dǽmidʒ] ダメヂ

動 ～に(損)害を与(あた)える

名 損害，被害

▶ damage your health　あなたの健康に害を与える

0066

## promise

[prámis] プラミス

動 ～を約束する

名 約束

▶ promise to go there　そこに行くことを約束する

0067

## believe

[bilí:v] ビリーヴ

動 ～を信じる

▶ believe the story　その話を信じる

0068

## forget

[fərgét] フォゲット

動 ～を忘れる

変化形 **forget - forgot - forgotten [forgot]**

▶ forget to take the medicine
薬を飲むことを忘れる

0069

## remember

[rimémbər] リメンバァ

動 ～を覚えている

▶ remember this place
この場所を覚えている

**remember to ～**で「忘れずに～する」という意味だよ。

0070

## collect

[kəlékt] コレクト

動 ～を集める

▶ collect rare stamps　珍(めずら)しい切手を集める

0071 ▼アクセント

## recommend

[rekəménd] レコメンド

動 ～をすすめる，～を推薦(すいせん)する

▶ recommend visiting the place
その場所を訪(おとず)れることをすすめる

0072

## serve

[sə:rv] サーヴ

動 (飲食物)を出す，～に給仕(きゅうじ)する

▶ serve drinks to guests　客に飲み物を出す

0073
**drop**
[drɑp] ドゥラップ

動 ～を落とす，～を下ろす　名 しずく
▶ drop my smartphone
自分のスマートフォンを落とす

0074
**interview**
[íntərvjuː] インタヴュー

動 ～にインタビューする，～と面接する
名 インタビュー，面接
▶ interview a soccer player　サッカー選手にインタビューする

0075
**produce**
[prədjúːs] プロデュース

動 ～を生産する，～を引き起こす
▶ produce car parts　自動車部品を生産する

0076
**solve**
[sɑlv] サルヴ

動 ～を解決する
▶ solve a problem
問題を解決する

「質問に答える」は answer a question で，solve は使わないよ。

0077
**face**
[feis] フェイス

動 ～に直面する，～の方を向く
名 顔
▶ face a food crisis　食糧危機に直面する

0078
**wonder**
[wʌ́ndər] ワンダァ

動 ～だろうかと思う
名 驚き
▶ wonder if it is true　それが本当だろうかと思う

0079
**wish**
[wiʃ] ウィッシ

動 ～を願う，～であればいいのに(と思う)
名 願い
▶ wish her luck　彼女の幸運を願う

0080
**offer**
[ɔ́ːfər] オーファ

動 ～に…を提供する，～に…を申し出る
名 申し出，提供
▶ offer him a job　彼に仕事を提供する

『5分間テストブック』を解いてみよう！　➡ 別冊 p.8

0081～0096

0081

## copy

[kάpi] カピィ

動 ～のコピーを取る，～をまねる
名 コピー，（本・雑誌などの）1部

▶ copy a lot of documents　多くの文書のコピーを取る

0082

## print

[print] プリント

動 ～を印刷する
名 印刷

▶ print a document　書類を印刷する

0083

## prepare

[pripéə*r*] プリペア

動 ～を準備する

▶ prepare a report for the meeting
会議のための報告書を準備する

0084

## fill

[fil] フィル

動 ～を満たす

▶ fill a glass with water　水でグラスを満たす

0085

## notice

[nóutis] ノウティス

動 ～に気づく　名 注目，通知

▶ notice that she is crying
彼女が泣いていることに気づく

0086

## realize

[rí(:)əlaiz] リ(ー)アライズ

動 ～を実現する，～を悟る

▶ realize my dream　自分の夢を実現する

0087

## date

[deit] デイト

動 ～とデートする　名 デート，日付

▶ date the girl
その女の子とデートする

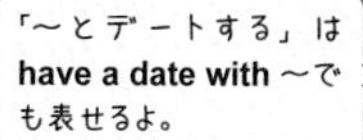

0088

## protect

[prətékt] プロテクト

動 ～を保護する

▶ protect the natural environment
自然環境を保護する

0089

## steal

[sti:l] スティール

動 ～を盗む，盗みをする

変化形 **steal - stole - stolen**

▶ steal data from a computer
コンピューターからデータを盗む

0090

## spread

[spred] スプレッド

動 ～を広げる，広がる　名 広がり，広まり

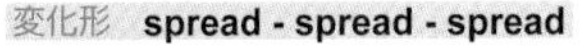
変化形 **spread - spread - spread**

▶ spread a map on the desk
机の上に地図を広げる

0091

## search

[səːrtʃ] サーチ

動 捜す，～を捜す
名 捜索

▶ search for his key　彼のかぎを捜す

「～を捜す」は **search for ～** でも表すよ。

0092

## seek

[si:k] スィーク

動 ～を捜す，追及する

変化形 **seek - sought - sought**

▶ seek a stolen bike　盗まれた自転車を捜す

0093

## set

[set] セット

動 ～を置く，～を準備する　名 一式，セット

変化形 **set - set - set**

▶ set the glasses on the table
テーブルの上にグラスを置く

0094

## throw

[θrou] スロウ

動 ～を投げる

変化形 **throw - threw - thrown**

▶ throw a ball to him　彼にボールを投げる

0095

## hide

[haid] ハイド

動 ～を隠す，隠れる

変化形 **hide - hid - hidden [hid]**

▶ hide the money in my pocket
ポケットにお金を隠す

0096

## discover

[diskʌ́vər] ディスカヴァ

動 ～を発見する

▶ discover the new planet　新しい惑星を発見する

『5分間テストブック』を解いてみよう！　➡ 別冊 p.9

0097～0112

0097

**mean**

[miːn] ミーン

動 ～を意味する

変化形 **mean - meant - meant**

▶ What does this sign mean?
この標識は何を意味するのですか。

0098

**warn**

[wɔːrn] ウォーン

動 ～に警告する

▶ warn people of the danger
危険を人々に警告する

0099

**recycle**

[riːsáikl] リーサイクル

動 ～をリサイクルする

▶ recycle old paper　古紙をリサイクルする

0100

**express**

[iksprés] イクスプレス

動 ～を表現する

名 急行列車[バス]　形 急行の

▶ express your emotions　あなたの感情を表現する

0101

**hurry**

[hə́ːri] ハーリィ

動 急いで行く，急ぐ

名 急ぐこと

▶ hurry to school　学校へ急いで行く

0102

**deliver**

[dilívər] ディリヴァ

動 ～を配達する

▶ deliver a package　小包みを配達する

0103

**develop**

[divéləp] ディヴェロプ

動 ～を発達させる，～を開発する

▶ develop your skills　あなたの技能を発達させる

0104

**hire**

[haiər] ハイア

動 ～を雇(やと)う

▶ hire a new employee　新しい従業員を雇う

■0105

**hang**

[hæŋ] ハング

動 ～をつるす，～を掛(か)ける

変化形 **hang - hung - hung**

▶ hang curtains カーテンをつるす

■0106

**increase**

[inkríːs] インクリース

動 ～を増やす，増加する

名 増加

▶ increase the number of customers 顧客(こきゃく)の数を増やす

■0107

**paint**

[peint] ペイント

動 ～にペンキを塗(ぬ)る，～の絵を描(か)く

名 ペンキ，絵の具

▶ paint the wall of the house 家の壁(かべ)にペンキを塗る

■0108

**draw**

[drɔː] ドゥロー

動 (鉛筆(えんぴつ)などで)～を描く，～を引く

変化形 **draw - drew - drawn**

▶ draw a picture of flowers 花の絵を描く

■0109

**describe**

[diskráib] ディスクライブ

動 ～を描写(びょうしゃ)する

▶ describe a scene 場面を描写する

■0110

**explain**

[iksplέin] イクスプレイン

動 ～を説明する

▶ explain the current situation
現在の状況(じょうきょう)を説明する

■0111

**introduce**

[intrədjúːs] イントゥロデュース

動 ～を紹介(しょうかい)する，～を導入する

▶ introduce myself 自己紹介する

■0112

**perform**

[pərfɔ́ːrm] パフォーム

動 ～を上演する，～を演じる

▶ perform a play 劇を上演する

『5分間テストブック』を解いてみよう！ ➡ 別冊 p.10

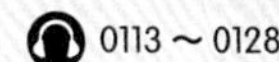

0113
**receive**
[risíːv] リスィーヴ

動 ～を受け取る
▶ receive an e-mail from my friend
友人から E メールを受け取る

名詞には receipt「レシート, 領収書」などがあるよ。

0114
**announce**
[ənáuns] アナウンス

動 ～を発表する
▶ announce a new campaign
新しいキャンペーンを発表する

0115
**stand**
[stænd] スタンド

動 立っている, ～を我慢(がまん)する
名 台, スタンド
変化形 **stand - stood - stood**
▶ stand by the window　窓のそばに立っている

0116
**continue**
[kəntínjuː] コンティニュー

動 ～を続ける, 続く
▶ continue a close relationship
親密な関係を続ける

0117
**expect**
[ikspékt] イクスペクト

動 ～を期待する, ～を予期する
▶ expect a good result　よい結果を期待する

0118
**control**
[kəntróul] コントゥロウル

動 ～を管理する, ～を支配する
名 管理, 支配
▶ control the product quality　製品の品質を管理する

0119
**follow**
[fálou] ファロウ

動 ～に従う, ～について行く[来る]
▶ follow your advice　あなたの助言に従う

0120
**cause**
[kɔːz] コーズ

動 ～を引き起こす, ～の原因となる
名 原因
▶ cause trouble　トラブルを引き起こす

■0121 発音

**excuse**
[ikskjú:s] イクス**キュ**ース

名 **言い訳,** 弁解
動 ～を許す [ikskjú:z]
▶ make an excuse　言い訳をする

■0122 アクセント

**avocado**
[ӕvəká:dou] アヴォ**カ**ードウ

名 **アボカド**
▶ make avocado salad　アボカドサラダを作る

■0123

**seed**
[si:d] **スィ**ード

名 **種,** 種子
▶ remove all the seeds　すべての種を取り除く

■0124

**bottle**
[bátl] **バ**トゥル

名 **びん,** ボトル
▶ buy a bottle of wine　1びんのワインを買う

■0125

**plastic**
[plǽstik] プ**ラ**スティク

名 **プラスチック,** ビニール
形 プラスチックの，ビニールの
▶ reduce the use of plastics　プラスチックの使用を減らす

■0126 発音

**clothes**
[klouz] ク**ロ**ウズ

名 **衣服**
▶ have lots of clothes
たくさんの衣服を持っている

いつも複数扱い(あつか)をするよ。

■0127

**mall**
[mɔ:l] **モ**ール

名 **ショッピングモール**
▶ go shopping at a mall
ショッピングモールに買い物に行く

■0128

**information**
[infərméiʃn] インフォ**メ**イション

名 **情報**
▶ personal information　個人情報

『5分間テストブック』を解いてみよう！　➡ 別冊 p.11

# 名詞②

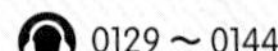

0129

**type**
[taip] タイプ

名 **型**，種類　動 ～を(キーボードで)入力する

▶ develop a new type of machine
新型の機械を開発する

0130

**mail**
[meil] メイル

名 **郵便**

▶ send a package by mail　小包みを郵便で送る

0131　アクセント

**idea**
[aidíːə] アイディーア

名 **考え**，思いつき

▶ have a good idea　よい考えがある

0132

**event**
[ivént] イヴェント

名 **行事**，出来事

▶ participate in a school event
学校行事に参加する

0133

**tour**
[tuər] トゥア

名 **旅行**，見学

▶ join a sightseeing tour　観光旅行に参加する

0134

**flight**
[flait] フライト

名 **フライト**，飛行

▶ take the 5 p.m. flight　午後5時のフライトに乗る

0135

**reservation**
[rezərvéiʃn] レザヴェイション

名 **予約**

▶ make a reservation
予約する

部屋や座席などの予約は**reservation**，医者などの予約は**appointment**だよ。

0136

**match**
[mætʃ] マッチ

名 **試合**

▶ lose a match　試合に負ける

0137
**fact**
[fækt] ファクト

名 **事実,** 実際にあったこと
▶ tell him the fact 彼(かれ)に事実を話す

0138
**honey**
[hʌ́ni] ハニィ

名 **あなた,** はちみつ
▶ Honey, I'm home. あなた，ただいま。

0139
**state**
[steit] ステイト

名 **州,** 国家 動 ～をはっきり述べる
▶ the fifty states of America
アメリカの 50 州

州の名前は，例えば **Ohio State**「オハイオ州」のように大文字で始めるよ。

0140
**project**
[prɑ́dʒekt] プラヂェクト

名 **計画,** 事業
▶ carry out a project 計画を実行する

0141
**result**
[rizʌ́lt] リザルト

名 **結果,** (ふつう複数形で)成果
動 結果として生じる
▶ the result of the match 試合の結果

0142
**prize**
[praiz] プライズ

名 **賞,** 賞品
▶ give the prize to the scientist
科学者に賞を与(あた)える

0143
**garbage**
[gɑ́ːrbidʒ] ガーベヂ

名 **ごみ,** 生ごみ
▶ throw away the garbage ごみを捨てる

0144
**firefighter**
[fáiərfaitər] ファイアファイタァ

名 **消防隊員**
▶ become a firefighter 消防隊員になる

『5分間テストブック』を解いてみよう！ ➡ 別冊 p.12

0145

**suit**

[su:t] スート

名 スーツ，衣服

動 ～にとって都合がよい，～に似合う

▶ order a gray suit　グレーのスーツを注文する

0146

**apartment**

[əpɑ́:rtmənt] アパートゥメント

名 アパート

▶ find an apartment in Boston
ボストンでアパートを見つける

0147

**owner**

[óunər] オウナァ

名 所有者

▶ the owner of this land　この土地の所有者

0148 発音

**neighbor**

[néibər] ネイバァ

名 隣人（りんじん），近所の人

▶ a good neighbor　よい隣人

0149

**community**

[kəmjú:nəti] コミューニティ

名 地域社会，コミュニティー

▶ people from the local community
地域社会の人々

0150

**staff**

[stæf] スタフ

名 （集合的に）スタッフ，職員

▶ the hotel staff
ホテルのスタッフ

スタッフ一人ひとりを表すときは a staff member と言うよ。

0151

**space**

[speis] スペイス

名 宇宙，余地

▶ travel in space　宇宙を旅行する

0152

**sale**

[seil] セイル

名 特売，販売（はんばい）

▶ have a spring sale　春の特売をする

■0153
**chance**
[tʃæns] チャンス

名 **機会**，チャンス
動 偶然～する
▶ a chance to receive a prize　受賞する機会

■0154
**exercise**
[éksərsaiz] エクササイズ

名 **運動**，練習
動 運動する
▶ get regular exercise　定期的に運動をする

■0155
**front**
[frʌnt] フラント

名 **前方**，正面
▶ sit in the front of the bus　バスの前方に座る

■0156
**department**
[dipá:rtmənt] ディパートゥメント

名 **(企業などの)部**，(大学の)学部
▶ transfer to the sales department
営業部へ異動させる

「デパート」は **department store** だよ。

■0157
**hill**
[hil] ヒル

名 **丘**，(低い)山
▶ go up the hill　丘を登る

■0158
**environment**
[inváirənmənt] インヴァイロンメント

名 **環境**
▶ protect the global environment　地球環境を守る

■0159
**price**
[prais] プライス

名 **価格**
▶ raise the price of electricity　電気料金を上げる

■0160
**vegetable**
[védʒətəbl] ヴェヂタブル

名 **野菜**　形 野菜の
▶ grow fruits and vegetables
果物と野菜を栽培する

『5分間テストブック』を解いてみよう！　➡ 別冊 p.13

0161～0176

0161

**recipe**

[résəpi] レスィピ

名 **レシピ，** 調理法

▶ a special recipe　特別なレシピ

0162

**meal**

[miːl] ミール

名 **食事**

▶ make a simple meal
簡単な食事を作る

決まった時間にとる食事（主に朝食，昼食，夕食）をさすよ。

0163

**flavor**

[fléivər] フレイヴァ

名 **味，** 風味

▶ ice cream with a strawberry flavor
イチゴ味のアイスクリーム

0164

**chef**

[ʃef] シェフ

名 **シェフ，** 料理人

▶ a chef at an Italian restaurant
イタリアンレストランのシェフ

0165

**waiter**

[wéitər] ウェイタァ

名 **ウェイター，** 給仕（きゅうじ）

▶ work as a waiter　ウェイターとして働く

0166

**boss**

[bɔːs] ボース

名 **上司，** ボス

▶ talk to my boss　私の上司と話す

0167

**aunt**

[ænt] アント

名 **おば**

▶ live with my aunt　私のおばと暮らす

0168

**grandparent**

[grǽndpeərənt] グラン(ドゥ)ペ(ア)レント

名 (複数形で) **祖父母**

▶ visit her grandparents　彼女（かのじょ）の祖父母を訪ねる

0 500 1000 1220



0169
**passenger**
[pǽsəndʒər] パセンヂャ

名 **乗客**
▶ a passenger on a plane　飛行機の乗客

0170
**person**
[pə́ːrsn] パースン

名 **人**，個人
▶ a quiet person　静かな人

0171
**paper**
[péipər] ペイパァ

名 **新聞**，紙
▶ finish reading the paper　新聞を読み終える

0172
**tool**
[tuːl] トゥール

名 **道具**
▶ tools to repair a computer
コンピューターを修理するための道具

0173　発音
**percent**
[pərsént] パセント

名 **パーセント**
▶ thirty percent of the students
生徒の 30 パーセント

0174
**piece**
[piːs] ピース

名 **1個[1本，1枚]**
▶ a piece of furniture
1点の家具

〈**a piece of** ＋数えられない名詞〉の形で使われることが多いよ。

0175
**skill**
[skil] スキル

名 **技術**，熟練
▶ improve communication skills
コミュニケーション技術を高める

0176
**smartphone**
[smáːrtfoun] スマートゥフォウン

名 **スマートフォン**
▶ talk on the smartphone　スマートフォンで話す

『5分間テストブック』を解いてみよう！　➡ 別冊 p.14

# 12 とてもよく出る単語 名詞⑤

■0177

## presentation

[prezntéiʃn] プレズンテイション

名 プレゼンテーション

▶ make a presentation　プレゼンテーションを行う

■0178

## theater

[θíːətər] スィーアタァ

名 劇場, 映画館

▶ go to the theater　劇場へ行く

「映画館」は a movie theater ともいうよ。

■0179　▼アクセント

## salon

[səlάn] サラン

名 (服飾(ふくしょく)・美容の)店, 大広間

▶ work at a beauty salon　美容室で働く

■0180

## insect

[ínsekt] インセクト

名 昆虫(こんちゅう), 虫

▶ the study of insects　昆虫の研究

■0181

## item

[áitəm] アイテム

名 品目, 項目(こうもく)

▶ buy items on sale　特売中の商品を買う

■0182

## gift

[gift] ギフト

名 贈(おく)り物(もの), 才能

▶ the Christmas gift from my aunt
おばからのクリスマスの贈り物

■0183　▼アクセント

## advice

[ədváis] アドゥヴァイス

名 助言, 忠告

▶ give him some advice　彼(かれ)に助言を与(あた)える

■0184

## form

[fɔːrm] フォーム

名 用紙, 形

動 ～を形作る

▶ an application form　申(もう)し込(こ)み用紙

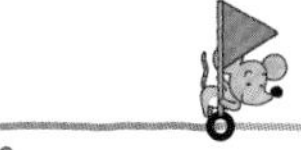

0　500　1000　1220

**mistake**
[mistéik] ミス**テ**イク

名 **間違**(まちが)**い,** 誤り　動 〜を間違える
変化形　**mistake - mistook - mistaken**
▶ correct a mistake　間違いを正す

**area**
[éəriə] **エ**(ア)リア

名 **地域,** 区域
▶ live in a cold area　寒い地域に住む

**reason**
[ri:zn] **リ**ーズン

名 **理由,** 理性
▶ the reason for his success　彼の成功の理由

**traffic**
[trǽfik] トゥ**ラ**フィク

名 **交通(量)**
▶ get caught in a traffic jam
交通渋滞(じゅうたい)に巻(ま)き込(こ)まれる

**schedule**
[skédʒu:l] ス**ケ**ヂュール

名 **スケジュール,** 予定(表)
動 〜を予定する
▶ manage his schedule　彼のスケジュールを管理する

**airline**
[éərlain] **エ**アライン

名 **航空会社**
▶ work for an airline　航空会社に勤める

0191

**package**
[pǽkidʒ] **パ**ケヂ

名 **小包み**
▶ accept a package　小包みを受け取る

0192

**customer**
[kʌ́stəmər] **カ**スタマァ

名 **顧客**(こきゃく)
▶ meet customer needs
顧客のニーズを満たす

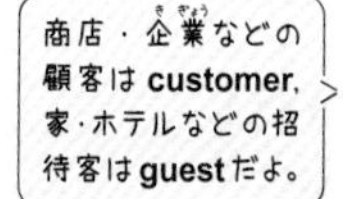

『5分間テストブック』を解いてみよう！　➔ 別冊 p.15

0193

**guest**
[gest] ゲスト

名 客
▶ welcome a special guest　特別な客を迎(むか)える

0194

**visitor**
[vízitər] ヴィズィタァ

名 訪問者
▶ visitors from all over the world
世界中からの訪問者

0195

**fan**
[fæn] ファン

名 ファン，熱心な愛好者
▶ a big fan of baseball
野球の大ファン

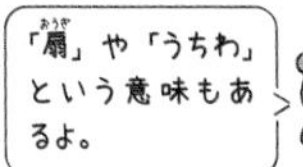

0196

**husband**
[hʌ́zbənd] ハズバンド

名 夫
▶ my sister's husband　私の姉の夫

0197

**announcement**
[ənáunsmənt] アナウンスメント

名 お知らせ，発表
▶ listen to an announcement　お知らせを聞く

0198

**application**
[æpləkéiʃn] アプリケイション

名 申(もう)し込(こ)み，適用
▶ fill out an application form
申し込み用紙に記入する

0199　アクセント

**dessert**
[dizə́:rt] ディザート

名 デザート
▶ eat a parfait for dessert
デザートにパフェを食べる

0200

**menu**
[ménju:] メニュー

名 メニュー
▶ order from the lunch menu
ランチメニューから注文する

■0201
**magazine**
[mæɡəzíːn] マガズィーン

名 雑誌
▶ a monthly magazine　月刊雑誌

■0202
**novel**
[nάvəl] ナヴェル

名 小説
▶ a historical novel　歴史小説

■0203　発音
**island**
[áilənd] アイランド

名 島
▶ stay on a small island　小さな島に滞在(たいざい)する

■0204
**wood**
[wud] ウッド

名 (複数形で)森，木材
▶ live in the woods　森に住む

■0205
**planet**
[plǽnit] プラネト

名 惑星(わくせい)
▶ the planets of the solar system　太陽系の惑星

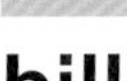
■0206
**bill**
[bil] ビル

名 勘定(かんじょう)，請求書(せいきゅうしょ)，紙幣(しへい)
▶ pay the bill　勘定を支払(しはら)う

■0207
**wallet**
[wάlit] ワレト

名 財布(さいふ)
▶ leave a wallet on the table
テーブルの上に財布を置き忘れる

■0208　発音
**sign**
[sain] サイン

名 標識，合図(あいず)
動 ～に署名する，～に合図する
▶ follow road signs　道路標識に従う

『5分間テストブック』を解いてみよう！　➔ 別冊 p.16

# 名詞⑦

🎧 0209 ~ 0224

■0209

**puppy**

[pʌ́pi] パピィ

名 子犬

▶ have a white puppy　白い子犬を飼っている

■0210

**police**

[pəlíːs] ポリース

名 警察

▶ call the police
警察に通報する

■0211

**professor**

[prəfésər] プロフェサァ

名 教授

▶ a college professor　大学教授

■0212

**actor**

[ǽktər] アクタァ

名 俳優

▶ become a famous actor　有名な俳優になる

■0213

**coach**

[koutʃ] コウチ

名 コーチ
動 ～を指導する

▶ a baseball coach　野球のコーチ

■0214

**business**

[bíznis] ビズネス

名 仕事，商売

▶ talk about a new business
新しい仕事について話す

■0215

**researcher**

[rísəːrtʃər] リサーチァ

名 研究者，調査員

▶ an economic researcher　経済学の研究者

■0216　▼アクセント

**manager**

[mǽnidʒər] マネヂァ

名 管理者，支配人

▶ get promoted to manager　管理者に昇進(しょうしん)する

0217

**expert**
[ékspəːrt] エクスパート

名 専門家
形 熟練した
▶ an expert in science　科学の専門家

0218

**activity**
[æktívəti] アクティヴィティ

名 活動
▶ enjoy outdoor activities
屋外の活動を楽しむ

形容詞 active「活動的な」に名詞を作る -ity がついた語だよ。

0219

**instrument**
[ínstrəmənt] インストゥルメント

名 楽器，道具
▶ play a musical instrument　楽器を演奏する

0220

**flag**
[flæg] フラッグ

名 旗
▶ wave a national flag　国旗を振る

0221

**score**
[skɔːr] スコー(ァ)

名 得点
動 (点)を取る
▶ get a high score　高い得点を取る

0222

**license**
[láisns] ライスンス

名 免許(証)
▶ get a driver's license　運転免許を取る

0223

**article**
[áːrtikl] アーティクル

名 記事
▶ write an article in English　英語で記事を書く

0224

**secret**
[síːkrit] スィークレト

名 秘密，秘けつ
形 秘密の
▶ tell you a secret　あなたに秘密を言う

『5分間テストブック』を解いてみよう！　➜ 別冊 p.17

0225～0240

0225

**disease**
[dizíːz] ディズィーズ

名 **病気**
▶ get over the disease 病気を克服する

0226 

**weight**
[weit] ウェイト

名 **体重，** 重さ
▶ lose weight 体重を減らす

動詞は weigh「～の重さを量る」だよ。

0227

**direction**
[dirékʃn] ディレクション

名 **方向，** (複数形で)指示
▶ go in the wrong direction 間違った方向に行く

0228

**fee**
[fiː] フィー

名 **料金，** 謝礼
▶ pay an entrance fee 入場料を支払う

0229

**dollar**
[dάlər] ダラァ

名 **ドル**
▶ cost twenty dollars 20ドルかかる

0230

**Internet**
[íntərnet] インタネト

名 **インターネット**
▶ access the Internet インターネットに接続する

0231

**attention**
[əténʃn] アテンション

名 **注意，** 注目
▶ pay attention to his advice
彼の助言に注意を払う

0232

**rule**
[ruːl] ルール

名 **規則，** 支配
動 ～を支配する
▶ obey the rules 規則を守る

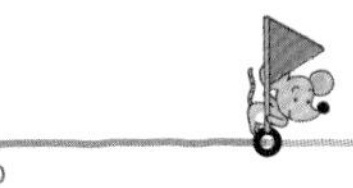




0233
**rest**
[rest] レスト

名 休み，休憩(きゅうけい)
動 ～を休ませる，休憩する
▶ take a rest　休みを取る

0234
**button**
[bʌ́tn] バトゥン

名 ボタン
▶ push the button　ボタンを押(お)す

0235
**entrance**
[éntrəns] エントゥランス

名 入り口，入学
▶ meet at the main entrance　正面の入り口で会う

0236
**trouble**
[trʌbl] トゥラブル

名 トラブル，悩(なや)み(の種)
動 ～を悩ます
▶ have serious trouble　深刻なトラブルを抱(かか)える

0237 発音
**oven**
[ʌ́vən] アヴン

名 オーブン
▶ bake cakes in the oven　オーブンでケーキを焼く

0238
**snack**
[snæk] スナック

名 軽食
▶ have a snack　軽食をとる

0239
**amount**
[əmáunt] アマウント

名 量，(the をつけて)合計
▶ a large amount of food　大量の食べ物

0240 発音
**medicine**
[médəsn] メデ(ィ)スン

名 薬，医学
▶ take cold medicine
風邪薬(かぜぐすり)を飲む

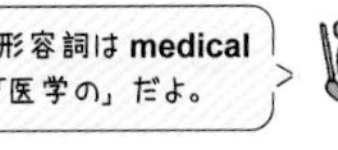

▷ 『5分間テストブック』を解いてみよう！ ➡ 別冊 p.18

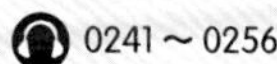

0241 発音

**stomach**

[stʌ́mək] スタマク

名 腹，胃

▶ fill my stomach
自分の腹を満たす

stomachache で「腹痛」という意味だよ。

0242

**laundry**

[lɔ́:ndri] ローンドゥリィ

名 洗濯(せんたく)，洗濯物

▶ do the laundry 洗濯をする

0243

**product**

[prɑ́dəkt] プラダクト

名 製品，産物

▶ buy a local product 地元の製品を買う

0244

**teammate**

[tí:mmeit] ティームメイト

名 チームメイト

▶ cheer for our teammates
私たちのチームメイトを応援(おうえん)する

0245 アクセント

**elevator**

[éləveitər] エレヴェイタァ

名 エレベーター

▶ take an elevator エレベーターに乗る

0246

**land**

[lænd] ランド

名 土地，陸地

▶ total land area 土地の総面積

0247

**nature**

[néitʃər] ネイチァ

名 自然，性質

▶ the beauty of nature 自然の美しさ

0248

**grass**

[græs] グラス

名 (ふつう the をつけて)芝生(しばふ)，草

▶ lie on the grass 芝生の上で寝転(ねころ)がる

0249 ▼アクセント

**orchestra**
[ɔ́:rkistrə] オーケストゥラ

名 オーケストラ
▶ join an orchestra　オーケストラに入る

0250

**fashion**
[fǽʃn] ファション

名 流行，ファッション
▶ the latest fashion　最新の流行

0251

**clothing**
[klóuðiŋ] クロウズィング

名 (集合的に)衣料品，衣類
▶ go to a clothing store　衣料品店に行く

0252

**service**
[sə́:rvis] サーヴィス

名 サービス，奉仕(ほうし)
▶ provide better service to people
人々によりよいサービスを提供する

0253

**charity**
[tʃǽrəti] チャリティ

名 慈善(じぜん)(事業)
▶ hold a charity concert　慈善コンサートを開催(かいさい)する

0254

**invention**
[invénʃn] インヴェンション

名 発明(品)
▶ a wonderful invention　すばらしい発明品

0255

**luck**
[lʌk] ラック

名 運，幸運
▶ have good luck
運がいい

Good luck.「がんばって」は会話でよく使われるよ。

0256

**future**
[fjú:tʃər] フューチァ

名 将来，未来
形 将来の，未来の
▶ occur in the near future　近い将来に起こる

『5分間テストブック』を解いてみよう！　➜ 別冊 p.19

0257

**million**
[míljən] ミリョン

名 **100万** 形 100万の
▶ The population of this city is about a million.
この都市の人口は約100万だ。

0258

**credit**
[krédit] クレディト

名 **クレジット**, 信用
▶ pay by credit card クレジットカードで支払う

0259

**cash**
[kæʃ] キャッシ

名 **現金**
▶ pay in cash 現金で支払う

0260 発音

**receipt**
[risíːt] リスィート

名 **レシート**, 領収書
▶ get a receipt for the payment
支払いのレシートをもらう

0261

**research**
[ríːsəːrtʃ] リサーチ

名 **研究**, 調査
動 ～を研究[調査]する
▶ research on the history 歴史の研究

0262

**matter**
[mætər] マタァ

名 **問題**, 困難 動 重要である
▶ deal with a difficult matter
難しい問題に取り組む

**What's the matter?**「どうしたの」は会話でよく使われるよ。

0263

**race**
[reis] レイス

名 **競走**, レース
動 ～と競走する
▶ get third place in the race 競走で3位になる

0264

**section**
[sékʃn] セクション

名 **節**, 区画
動 ～を区切る
▶ the final section of this chapter この章の最終節

0265
**spot**
[spɑt] スパット

名 **場所，** 小さな点
動 ～を見つける，～に斑点(はんてん)をつける
▶ a famous spot　有名な場所

0266
**aquarium**
[əkwéəriəm] アクウェ(ア)リアム

名 **水族館，** 水槽(すいそう)
▶ go to the aquarium　水族館に行く

0267
**gate**
[geit] ゲイト

名 **門**
▶ go through the school gate　校門を通(とお)り抜(ぬ)ける

0268
**farm**
[fɑːrm] ファーム

名 **農場**
▶ work on a farm　農場で働く

0269
**countryside**
[kʌ́ntrisaid] カントゥリサイド

名 **田舎(いなか)，** 田園地帯
▶ live in the countryside　田舎で暮らす

0270　▼アクセント
**desert**
[dézərt] デザト

名 **砂漠(さばく)，** 荒(あ)れ野(の)　形 砂漠の(ような)
▶ a vast desert
広大な砂漠

**desert**「砂漠，荒れ野」は前の部分を，**dessert**「デザート」は後ろの部分を強く発音するよ。

0271
**engine**
[éndʒin] エンヂン

名 **エンジン**
▶ fix the engine　エンジンを修理する

0272
**wheel**
[*h*wiːl] (フ)ウィール

名 **(自動車の)ハンドル，** 車輪
▶ take the wheel　(自動車の)ハンドルを握(にぎ)る

▷『5分間テストブック』を解いてみよう！　➡ 別冊 p.20

0273〜0288

0273
**parking**
[pá:rkiŋ] パーキング

㊔ 駐車(ちゅうしゃ)
▶ a free parking lot　無料駐車場

0274
**kid**
[kid] キッド

㊔ 子ども
▶ raise a kid　子どもを育てる

0275
**beginner**
[bigínər] ビギナァ

㊔ 初心者，初学者
▶ take a French class for beginners
初心者向けのフランス語のクラスを取る

0276
**president**
[prézidənt] プレズィデント

㊔ 大統領，社長
▶ the President of the United States
アメリカ合衆国の大統領

0277
**performance**
[pərfɔ́:rməns] パフォーマンス

㊔ 演奏，演技
▶ give a live performance　生演奏を行う

0278
**culture**
[kʌ́ltʃər] カルチァ

㊔ 文化
▶ respect different cultures
異なる文化を尊重する

0279
**chemistry**
[kémistri] ケミストゥリィ

㊔ 化学
▶ major in chemistry　化学を専攻(せんこう)する

0280
**math**
[mæθ] マス

㊔ 数学
▶ teach math to the students
生徒たちに数学を教える

mathematics「数学」を短くした語だよ。

■0281
**pair**
[peər] ペア

名 1組
▶ try on a pair of pants　ズボン1本を試着する

■0282
**topic**
[tápik] タピク

名 話題
▶ the main topic of the discussion　議論の主な話題

■0283
**discovery**
[diskʌ́vəri] ディスカヴ(ァ)リィ

名 発見
▶ make a great discovery　大発見をする

■0284
**convenience**
[kənví:njəns] コンヴィーニェンス

名 利便性，便利
▶ think about the convenience of life
生活の利便性について考える

「コンビニ」は convenience store というよ。「便利」な店ということだね。

■0285
**bottom**
[bátəm] バトム

名 下部，底
▶ the bottom of the web page
ウェブページの下部

■0286
**goal**
[goul] ゴウル

名 目標，ゴール
▶ achieve my goal　私の目標を達成する

■0287
**emergency**
[imə́:rdʒənsi] イマーヂェンスィ

名 緊急事態（きんきゅうじたい）
▶ prepare for an emergency　緊急事態に備える

■0288
**favor**
[féivər] フェイヴァ

名 お願い，親切な行為（こうい）
▶ ask you a favor　あなたにお願いをする

『5分間テストブック』を解いてみよう！　➡ 別冊 p.21

# 形容詞①

0289～0304

0289

## other

[ʌ́ðər] アザァ

形 ほかの,(the をつけて)(２つのうちの)もう一方の　代 ほかの物[人]

▶ have other things to do　ほかにすることがある

0290

## another

[ənʌ́ðər] アナザァ

形 もう１つ[１人]の, 別の

代 別の物[人], もう１つ[１人]

▶ another cup of tea　もう一杯のお茶

0291

## different

[dífərənt] ディフェレント

形 いろいろな, 違った

▶ people from different countries　いろいろな国の人々

0292

## special

[speʃl] スペシャル

形 特別な

▶ a special occasion　特別な機会

0293

## few

[fjuː] フュー

形 (a few で)少数の～, ほとんど～ない

▶ only a few people　ごく少数の人々

a few ～「少数の～」と few ～「ほとんど～ない」の意味の違いに気をつけよう。

0294

## enough

[inʌf] イナフ

形 十分な　副 十分に

▶ have enough time to sleep　十分な睡眠時間がある

0295

## difficult

[dífikəlt] ディフィカルト

形 困難な, 難しい

▶ solve a difficult problem　困難な問題を解決する

0296

## important

[impɔ́ːrtnt] インポートゥント

形 重要な, 大切な

▶ discuss an important issue　重要な問題について話し合う

0297

**friendly**

[fréndli] フレンドゥリィ

形 人なつっこい，友好的な

▶ play with a friendly dog　人なつっこいイヌと遊ぶ

0298

**local**

[loukl] ロウカル

形 地元の

▶ traditional local food　伝統的な地元の料理

0299

**close**

[klous] クロウス

形 親密な，接近した

▶ feel close to them
彼らに親しみを感じる

動詞の **close** [klouz] と形容詞 **close** [klous] の発音の違いに気をつけよう。

0300

**favorite**

[féivərit] フェイヴァリト

形 お気に入りの

▶ sing my favorite song　私のお気に入りの歌を歌う

0301

**female**

[fí:meil] フィーメイル

形 女性の，メスの

名 女性，メス

▶ a female employee　女性の社員

0302

**male**

[meil] メイル

形 男性の，オスの

名 男性，オス

▶ a male professor　男性の教授

0303

**human**

[hjú:mən] ヒューマン

形 人間の，人間的な

名 人間

▶ respect human rights　人権を尊重する

0304

**delicious**

[dilíʃəs] ディリシャス

形 とてもおいしい

▶ prepare a delicious meal
とてもおいしい食事を準備する

『5分間テストブック』を解いてみよう！ ➡ 別冊 p.22

# 20 とてもよく出る単語 形容詞②

0305～0320

---

■0305

**present**

[preznt] プレズント

形 現在の

▶ the present address
現在の住所

present「贈(おく)り物(もの)」と同じつづりだよ。

---

■0306

**past**

[pæst] パスト

形 過去の

名 過去

▶ learn from past events　過去の出来事から学ぶ

---

■0307

**afraid**

[əfréid] アフレイド

形 怖(こわ)がって，心配して

▶ He is afraid of the dark.
彼(かれ)は暗闇(くらやみ)を怖がっている。

---

■0308

**traditional**

[trədíʃənl] トゥラディショナル

形 伝統的な

▶ traditional Japanese culture　伝統的な日本文化

---

■0309

**own**

[oun] オウン

形 自分自身の

動 ～を所有している

▶ achieve my own goal　自分自身の目標を達成する

---

■0310

**wonderful**

[wʌ́ndərfl] ワンダフル

形 すばらしい

▶ have a wonderful time　すばらしい時間を過ごす

---

■0311

**dry**

[drai] ドゥライ

形 乾(かわ)いた

▶ use a dry towel　乾いたタオルを使う

---

■0312

**careful**

[kéərfl] ケアフル

形 注意深い

▶ a careful driver　注意深いドライバー

0313
**beautiful**
[bjú:təfl] ビューティフル

形 美しい
▶ look at the beautiful scenery 美しい景色を見る

0314
**safe**
[seif] セイフ

形 安全な，無事で 名 金庫
▶ keep money in a safe place
お金を安全な場所に保管する

0315
**dangerous**
[déindʒərəs] デインヂャラス

形 危険な
▶ a dangerous area 危険な地域

0316
**true**
[tru:] トゥルー

形 本当の
▶ a movie based on a true story
実話に基づいた映画

0317
**available**
[əvéiləbl] アヴェイラブル

形 利用[入手]できる，手が空いている
▶ These services are available.
これらのサービスが利用できる。

0318
**strong**
[strɔ:ŋ] ストゥローング

形 強い
▶ a strong wind 強い風

0319
**central**
[séntrəl] セントゥラル

形 中心(部)の
▶ the central part of the city 市の中心部

0320 発音
**foreign**
[fɔ́:rin] フォーリン

形 外国の
▶ learn a foreign language 外国語を学ぶ

▷『5分間テストブック』を解いてみよう！ ➡ 別冊 p.23

0321
**similar**
[símələr] スィミラァ

形 同様の，類似した
▶ face a similar situation 同様の状況に直面する

be similar to ～で「～に似ている」という意味だよ。

0322
**lonely**
[lóunli] ロウンリィ

形 寂しい
▶ feel lonely 寂しく感じる

0323
**perfect**
[pə́:rfikt] パーフェクト

形 完全な，最適の
▶ draw a perfect circle 完全な円を描く

0324
**healthy**
[hélθi] ヘルスィ

形 健康によい，健康な
▶ eat healthy food 健康によい食べ物を食べる

0325
**fresh**
[freʃ] フレッシ

形 新鮮な，生き生きとした
▶ use fresh vegetables 新鮮な野菜を使う

0326
**spicy**
[spáisi] スパイスィ

形 香辛料の効いている，ぴりっとした
▶ eat spicy food 香辛料の効いている食べ物を食べる

0327
**regular**
[régjulər] レギュラァ

形 規則正しい，通常の
▶ schedule a regular meeting 定例会議を予定する

0328
**several**
[sévrəl] セヴラル

形 いくつかの
代 いくつか
▶ travel for several days 数日間旅行する

0　500　1000　1220

0329
**cheap**
[tʃi:p] チープ

形 安い
▶ stay at a cheap hotel　安いホテルに泊まる

0330
**expensive**
[ikspénsiv] イクスペンスィヴ

形 高価な
▶ an expensive bag　高価なかばん

0331
**wide**
[waid] ワイド

形 (幅などが)広い
▶ fish in the wide river　広い川で釣りをする

0332
**wild**
[waild] ワイルド

形 野生の，荒れ果てた
▶ watch wild birds　野生の鳥を観察する

0333
**common**
[kάmən] カモン

形 共通の，普通の
▶ our common language
私たちの共通の言語

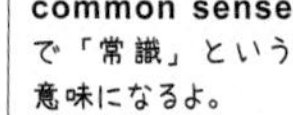

0334
**extra**
[ékstrə] エクストゥラ

形 追加の，余分の
▶ tell him extra information
彼に追加の情報を伝える

0335　発音
**comfortable**
[kʌ́mfərtəbl] カンファタブル

形 快適な
▶ live in a comfortable house　快適な家に住む

0336
**loud**
[laud] ラウド

形 (音などが)大きい，騒々しい
副 大声で
▶ sing in a loud voice　大きい声で歌う

➢ 『5分間テストブック』を解いてみよう！　➡ 別冊 p.24

0337

**excellent**
[éksələnt] エクセレント

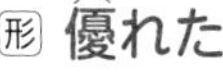
形 優(すぐ)れた
▶ an excellent performer　優れた演奏者

0338　アクセント

**modern**
[mádərn] マダン

形 **現代の，** 近代の
▶ adopt modern technology
現代の科学技術を採用する

0339　発音

**ancient**
[éinʃənt] エインシェント

形 **古代の**
▶ learn about ancient history
古代の歴史について学ぶ

0340

**recent**
[rí:snt] リースント

形 **最近の**
▶ recent trends in Europe
ヨーロッパでの最近の傾向(けいこう)

0341

**final**
[fáinl] ファイヌル

形 **最後の**
▶ make a final decision　最終決定を行う

0342

**national**
[nǽʃnəl] ナショナル

形 **国民の，** 全国的な
▶ a national holiday　国民の祝日

0343

**public**
[pʌ́blik] パブリク

形 **公立の，** 公共の　名 大衆
▶ attend a public school
公立の学校に通う

反対の意味の単語は**private**「私立の」だよ。

0344

**native**
[néitiv] ネイティヴ

形 **母国の**
▶ her native language　彼女(かのじょ)の母国の言語

0　500　1000　1220

■0345

**huge**
[hju:dʒ] ヒューヂ

形 巨大(きょだい)な
▶ a huge rock　巨大な岩

■0346

**least**
[li:st] リースト

形 最も少ない，最も小さい
▶ the least amount of data
最も少ない量のデータ

■0347

**nearby**
[niə*r*bái] ニアバイ

形 近くの
副 近くに
▶ stay at a nearby hotel　近くのホテルに滞在(たいざい)する

■0348

**whole**
[houl] ホウル

形 全体の
▶ tell the whole story　全体の話を話す

■0349

**usual**
[jú:dʒuəl] ユージュアル

形 いつもの，普通(ふつう)の
▶ get up at the usual time　いつもの時刻に起きる

■0350

**boring**
[bɔ́:riŋ] ボーリンヶ

形 退屈(たいくつ)な
▶ a boring lecture　退屈な講義

■0351

**colorful**
[kʌ́lə*r*fl] カラフル

形 色鮮(いろあざ)やかな，色彩(しきさい)豊かな
▶ many kinds of colorful flowers
多くの種類の色鮮やかな花

■0352

**nervous**
[nə́:*r*vəs] ナーヴァス

形 緊張(きんちょう)している，神経質な
▶ get nervous before a job interview
就職面接の前に緊張する

『5分間テストブック』を解いてみよう！　➡ 別冊 p.25

0353 アクセント

**convenient**
[kənví:njənt] コンヴィーニェント

形 **便利な**
▶ a convenient way to visit Tokyo
東京を訪(おとず)れるのに便利な方法

0354

**possible**
[pάsəbl] パスィブル

形 **可能な，** ありうる
▶ try every possible way　あらゆる可能な方法を試(ため)す

0355

**quiet**
[kwáiət] クワイエト

形 **静かな**
▶ live in a quiet place　静かな場所に住む

0356 発音

**either**
[í:ðər] イーザァ

形 **どちらか(一方)の，** どちらでも
▶ sit on either side　どちらかの側に座る

0357

**outdoor**
[autdɔ́:r] アウトゥドー(ァ)

形 **アウトドアの，** 屋外の
▶ outdoor sports
アウトドアスポーツ

反対の意味の単語は **indoor**「インドアの，屋内の」だよ。

0358

**scary**
[skéəri] スケ(ア)リィ

形 **怖(こわ)い，** 恐(おそ)ろしい
▶ see a scary movie　怖い映画を見る

0359

**bright**
[brait] ブライト

形 **明るい，** 利口な
▶ look at the bright side　明るい側面を見る

0360

**sunny**
[sʌ́ni] サニィ

形 **よく晴れた**
▶ enjoy a sunny day　よく晴れた日を楽しむ

0361
**however**
[hauévər] ハウエヴァ

副 **しかしながら,** どんなに〜でも
▶ However, she helped me.
しかしながら，彼女(かのじょ)は私を助けてくれた。

0362
**though**
[ðou] ゾウ

副 **でも,** やっぱり
接 〜だけれども
▶ He changed his mind, though. でも，彼(かれ)は考えを変えた。

0363
**actually**
[æktʃuəli] アクチュアリィ

副 **実際は,** 本当のところは
▶ She actually knows what that means.
彼女は実際はそれが何を意味するのか知っている。

0364
**instead**
[instéd] インステッド

副 **その代わりに**
▶ go to the movies instead
その代わりに映画を見に行く

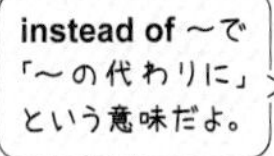

0365
**probably**
[prɑ́bəbli] プラバブリィ

副 **多分**
▶ It will probably rain tomorrow.
明日多分雨が降るだろう。

0366
**even**
[í:vn] イーヴン

副 **〜(で)さえ**
▶ Even a child knows it.
子どもでさえそれを知っている。

0367
**outside**
[autsáid] アウトゥサイド

副 **外に[で],** 屋外に[で]
名 外部 形 外側の
▶ play outside 外で遊ぶ

0368
**inside**
[insáid] インサイド

副 **内に[で],** 屋内に[で]
名 内部 形 内側の
▶ open the box and look inside 箱を開けて中を見る

『5分間テストブック』を解いてみよう！ ➡ 別冊 p.26

# 24 とてもよく出る単語 副詞②

0369

**early**

[ə́:rli] アーリィ

副 早く

▶ go to bed early　早く就寝（しゅうしん）する

0370

**recently**

[rí:sntli] リースントゥリィ

副 最近，近ごろ

▶ This book was published recently.
この本は最近出版された。

0371

**forward**

[fɔ́:rwərd] フォーワド

副 前へ，先へ　動 ～を転送する

▶ move forward
前へ進む

反対の意味の単語は **backward**「後ろへ」だよ。

0372

**quickly**

[kwíkli] クウィクリィ

副 急いで，すぐに

▶ finish the work quickly　仕事を急いで終える

0373

**yet**

[jet] イェット

副 （否定文で）まだ（～ない），（疑問文で）もう

▶ an item that has not been delivered yet
まだ配達されていない商品

0374

**later**

[léitər] レイタァ

副 あとで，もっと遅（おそ）く

▶ come back later　あとで戻（もど）ってくる

0375

**far**

[fɑ:r] ファー

副 遠くに

▶ live far away from her family
彼女（かのじょ）の家族と遠く離（はな）れて暮らす

0376

**less**

[les] レス

副 （程度・回数が）より少なく

▶ eat less and move more
より少なく食べ，より多く動く

■0377

**anyway**
[éniwei] エニウェイ

副 **とにかく**
▶ leave now anyway　とにかく今出発する

■0378

**else**
[els] エルス

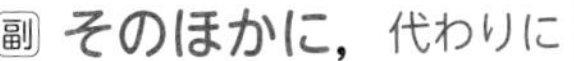

副 **そのほかに,** 代わりに
▶ forget everything else
そのほかすべてのことを忘れる

every-, some-, any-, no- のつく語や疑問詞 who, what などの後ろに置いて使うよ。

■0379

**online**
[ɑnláin] アンライン

副 **オンラインで**
形 オンラインの
▶ sell books online　オンラインで本を売る

■0380

**certainly**
[sə́:rtnli] サートゥンリィ

副 **確かに,** もちろんです
▶ certainly receive a message
確かにメッセージを受け取る

■0381　発音

**straight**
[streit] ストゥレイト

副 **まっすぐに**　形 まっすぐな
▶ go straight along this street
この通りに沿ってまっすぐに行く

■0382

**easily**
[í:zili] イーズィリィ

副 **簡単に,** 気楽に
▶ find the station easily　簡単に駅を見つける

■0383

**almost**
[ɔ́:lmoust] オールモウスト

副 **もう少しで,** ほとんど
▶ almost miss a bus　もう少しでバスに乗り遅れる

■0384

**once**
[wʌns] ワンス

副 **一度,** かつて　接 いったん～すると
▶ have been there once
一度そこに行ったことがある

『5分間テストブック』を解いてみよう！　➡ 別冊 p.27

0385 ～ 0400

0385
**lately**
[léitli] レイトゥリィ

副 最近，近ごろ
▶ It has been cold lately.
最近ずっと寒い。

現在完了形の文で使うことが多いよ。

0386
**fast**
[fæst] ファスト

副 速く
形 速い
▶ run as fast as possible　できるだけ速く走る

0387
**therefore**
[ðéərfɔ:r] ゼアフォー(ァ)

副 それゆえに
▶ Therefore, I trust him.
それゆえに，私は彼(かれ)を信用する。

0388
**anymore**
[enimɔ́:r] エニモー(ァ)

副 (否定文で)これ以上(～ない)
▶ We can't wait anymore.
私たちはこれ以上待つことはできない。

0389
**luckily**
[lʌ́kili] ラキリィ

副 運よく
▶ find a good seat luckily　運よくいい席を見つける

0390
**downtown**
[dauntáun] ダウンタウン

副 (町の)中心部へ[で]，商業地区へ[で]
形 (町の)中心部の　名 (町の)中心部
▶ go downtown　町の中心部へ行く

0391
**somewhere**
[sʌ́mhweər] サム(フ)ウェア

副 どこかに[で]
▶ live somewhere in New York
ニューヨークのどこかに住む

0392
**anywhere**
[énihweər] エニ(フ)ウェア

副 (否定文で)どこに[へ]も(～ない)，(疑問文で)どこかに[で]
▶ I don't want to go anywhere.　私はどこへも行きたくない。

0393

**nowadays**

[náuədeiz] ナウアデイズ

副 **近ごろは,** 今日(こんにち)では

▶ Nowadays everyone is learning English.
近ごろはみんな英語を学んでいる。

0394

**finally**

[fáinəli] ファイナリィ

副 **ついに,** 最後に

▶ He finally won the prize.
彼はついに賞を獲得(かくとく)した。

0395

**through**

[θru:] スルー

前 **～を通じて,** ～中ずっと

▶ through the Internet　インターネットを通じて

0396

**without**

[wiðáut] ウィズアウト

前 **～なしで[の]**

▶ without a word　一言もなしで

0397

**while**

[*h*wail] (フ)ワイル

接 **～している間に,** ～ではあるが
名 (短い)期間，(しばらくの)間

▶ He came to see me while I was out.
私が出かけている間に，彼は私を訪ねてきた。

0398

**whenever**

[*h*wenévə*r*] (フ)ウェンエヴァ

接 **～するときはいつでも,** いつ～しようとも

▶ Please come whenever you like.
好きなときにいつでも来てください。

0399

**wherever**

[*h*weərévə*r*] (フ)ウェアエヴァ

接 **～(する)所ならどこでも**

▶ sit wherever you like　どこでも好きな所に座る

0400　発音

**might**

[mait] マイト

助 **(もしかすると)～かもしれない**

▶ might be late　遅(おく)れるかもしれない

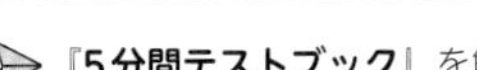
『5分間テストブック』を解いてみよう！
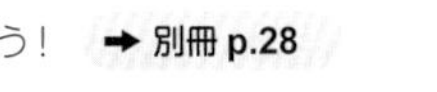
➡ 別冊 p.28

## ✦英検TIPS!

### ― 当日の流れ ―

いよいよ英検当日！　ケンとアカネは無事に受験に臨めるかな？

1
さぁ，**英検試験当日。**
時間に余裕をもって会場へ！
英検会場 9時〜
アカネ

2
受験票と貼り紙で教室確認。好きな席に座ろう！
おはよう♪
あっおはよう…
ケン

3
問題冊子・解答用紙が配られた。
指示に従って必要事項を記入！
アッ
ケシゴムが
コロコロ
ブルブル

4
試験監督者の合図でいざ**試験開始！**
まちがえないように……
スタート
サクサク

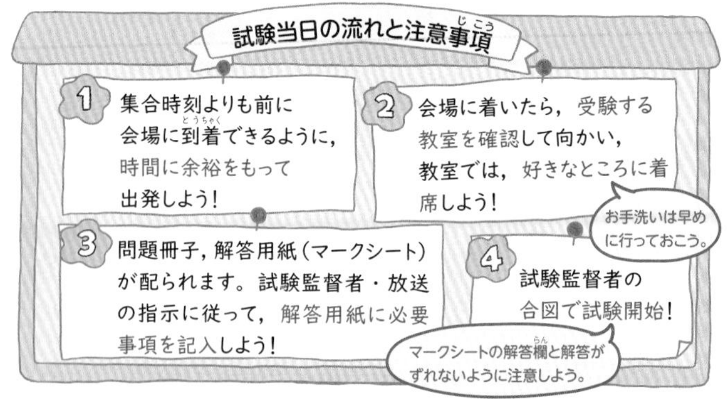


最新の情報は日本英語検定協会のホームページで確認しましょう。

単語編

# よく出る単語400

この章では英検で
複数回出てきた単語を学習するよ！
しっかりおぼえて，他の人と差をつけよう！

■0401
**marry**
[mǽri] マリィ

動 ～と結婚する
▶ marry his daughter 彼の娘と結婚する

■0402
**bite**
[bait] バイト

動 ～をかじる，～をかむ
名 かむこと，ひとかじり
変化形 **bite - bit - bitten [bit]**
▶ bite an apple リンゴをかじる

■0403
**stretch**
[stretʃ] ストゥレッチ

動 ～を伸ばす，ストレッチをする
▶ stretch my arms 自分の腕を伸ばす

■0404
**die**
[dai] ダイ

動 死ぬ
▶ die of a heart attack 心臓発作で死ぬ

～ing 形は dying だよ。つづりに気をつけよう。

■0405
**improve**
[imprúːv] インプルーヴ

動 ～を改善[改良]する，よくなる
▶ improve the quality of life 生活の質を改善する

■0406
**include**
[inklúːd] インクルード

動 ～を含む
▶ include consumption tax 消費税を含む

■0407
**remove**
[rimúːv] リムーヴ

動 ～を取り除く，～を移動させる
▶ remove weeds from the garden 庭から雑草を取り除く

■0408
**gain**
[gein] ゲイン

動 ～を得る，～を増す
名 利益，増加
▶ gain confidence 自信を得る

■0409

**quit**

[kwit] クウィット

動 ～をやめる

変化形 **quit - quit - quit [quit-quitted-quitted]**

▶ quit his current job
彼の現在の仕事をやめる

■0410

**record**

[rikɔ́ːrd] リコード

動 ～を記録する

▶ record a message　メッセージを記録する

■0411

**tie**

[tai] タイ

動 ～を結ぶ

名 ネクタイ

▶ tie a red ribbon　赤いリボンを結ぶ

■0412

**attract**

[ətrǽkt] アトゥラクト

動 ～を引きつける，～の心をとらえる

▶ attract a lot of tourists　多くの観光客を引きつける

名詞は **attraction**「アトラクション，魅力」だよ。

■0413

**bear**

[beər] ベア

動 ～に耐える

変化形 **bear - bore - borne**

▶ bear the pain　痛みに耐える

■0414　発音

**climb**

[klaim] クライム

動 ～を登る

▶ climb a ladder　はしごを登る

■0415

**feed**

[fiːd] フィード

動 ～に食べ物を与える

変化形 **feed - fed - fed**

▶ feed my cat　私のネコに食べ物を与える

■0416

**fit**

[fit] フィット

動 ～にぴったり合う

▶ fit the buttonhole　ボタン穴にぴったり合う

『5分間テストブック』を解いてみよう！　➡ 別冊 p.29

0417～0432

0417

**celebrate**

[séləbreit] セレブレイト

動 ～を祝う

▶ celebrate her birthday　彼女（かのじょ）の誕生日を祝う

0418

**shake**

[ʃeik] シェイク

動 ～を振（ふ）る，揺（ゆ）れる

変化形　**shake - shook - shaken**

▶ shake a bottle　ボトルを振る

0419　アクセント

**prefer**

[prifə́ːr] プリファー

動 ～を好む

▶ prefer tea to coffee　コーヒーよりも紅茶を好む

0420

**attend**

[əténd] アテンド

動 ～に出席する，～の世話をする

▶ attend a wedding ceremony　結婚式（けっこんしき）に出席する

0421　アクセント

**decorate**

[dékəreit] デコレイト

動 ～を飾（かざ）る

▶ decorate the room with flowers　花で部屋を飾る

0422

**measure**

[méʒər] メジァ

動 ～を測定する

名 寸法，手段

▶ measure the size of a box　箱のサイズを測定する

0423

**lay**

[lei] レイ

動 ～を置く，～を敷（し）く

変化形　**lay - laid - laid**

▶ lay the cards on the table
テーブルの上にカードを置く

**lay** は「(物など)を置く」，**lie** は「(人が) 横になる」という意味だよ。

0424

**block**

[blɑk] ブラック

動 ～をふさぐ，～を邪魔（じゃま）する

▶ block a path　小道をふさぐ

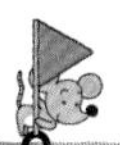


■0425

**hunt**

[hʌnt] ハント

動 探し求める，～を狩(か)る
名 狩り
▶ hunt for a new job　新しい仕事を探し求める

■0426

**guard**

[gɑːrd] ガード

動 ～を守る，～を監視(かんし)する
名 警備員
▶ guard my children　私の子どもたちを守る

■0427

**cheer**

[tʃiər] チア

動 ～を励(はげ)ます，～に歓声(かんせい)を上げる
名 声援(せいえん)
▶ cheer the last runner　最後の走者を励ます

■0428

**invent**

[invént] インヴェント

動 ～を発明する
▶ invent a new device　新しい装置を発明する

■0429

**upset**

[ʌpsét] アプセット

動 ～を動揺(どうよう)させる　形 動揺した
変化形　**upset - upset - upset**
▶ The news may upset him.
その知らせは彼(かれ)を動揺させるかもしれない。

■0430　発音

**weigh**

[wei] ウェイ

動 ～の重さを量る，～の重さがある
▶ weigh myself every day　毎日私の体重を量る

■0431

**chat**

[tʃæt] チャット

動 おしゃべりする，雑談する
名 おしゃべり，雑談
▶ chat with them　彼らとおしゃべりする

「インターネットでチャットをする」という意味もあるよ。

■0432

**lock**

[lɑk] ラック

動 ～にかぎをかける

▶ lock the door　ドアにかぎをかける

『5分間テストブック』を解いてみよう！　➜ 別冊 p.30

28

よく出る単語
# 動詞③

0433

**major**
[méidʒər] メイヂァ

動 専攻する　形 主要な，多数の
▶ major in economics at university
大学で経済学を専攻する

0434

**guide**
[gaid] ガイド

動 ～を案内する，～を指導する　名 案内人
▶ guide you around the town
あなたに町を案内する

0435

**kill**
[kil] キル

動 (時間)をつぶす，～を殺す
▶ kill time at a café　喫茶店で時間をつぶす

0436

**communicate**
[kəmjú:nikeit] コミューニケイト

動 コミュニケーションをとる，意思を伝え合う
▶ communicate with the neighbors
隣人たちとコミュニケーションをとる

名詞は communication「コミュニケーション」だよ。

0437

**apply**
[əplái] アプライ

動 申し込む
▶ apply for a visa　ビザを申し込む

0438

**compete**
[kəmpí:t] コンピート

動 競争する
▶ compete with each other　互いに競争する

0439

**contact**
[kántækt] カンタクト

動 ～と連絡をとる，～と接触する
名 連絡，接触
▶ contact her by e-mail　E メールで彼女と連絡をとる

0440

**gather**
[gǽðər] ギャザァ

動 ～を集める，集まる
▶ gather information for my research
私の研究のために情報を集める

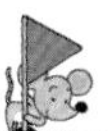


■0441
**hug**
[hʌg] ハッグ

動 ～を抱き締める
名 抱擁
▶ hug the girl tightly　強く少女を抱き締める

■0442
**confuse**
[kənfjúːz] コンフューズ

動 ～を混同する，～を混乱させる
▶ confuse the twins　双子を混同する

■0443 発音
**advise**
[ədváiz] アドゥヴァイズ

動 ～に助言[忠告]する
▶ advise him to come home
彼に家に帰って来るように助言する

名詞のadvice「助言，忠告」とのつづりと発音の違いに注意しよう。

■0444
**combine**
[kəmbáin] コンバイン

動 ～を結びつける
▶ combine two hints　2つのヒントを結びつける

■0445
**earn**
[əːrn] アーン

動 ～を稼ぐ
▶ earn a lot of money　たくさんのお金を稼ぐ

■0446
**pack**
[pæk] パック

動 ～を詰め込む，～を荷造りする　名 包み
▶ pack my clothes into a suitcase
スーツケースに私の衣類を詰め込む

■0447
**sail**
[seil] セイル

動 航海する
名 帆，帆船
▶ sail across the ocean　海を航行する

■0448 発音
**wrap**
[ræp] ラップ

動 ～を包む，～を巻きつける
名 (食品用の)ラップ
▶ wrap the gift in paper　紙で贈り物を包む



『5分間テストブック』を解いてみよう！　➡ 別冊 p.31

0449

**avoid**

[əvɔ́id] アヴォイド

動 ～を避ける

▶ avoid being alone　1人になるのを避ける

0450

**connect**

[kənékt] コネクト

動 ～をつなぐ

▶ connect a printer to a computer
プリンターをコンピューターにつなぐ

0451　アクセント

**display**

[displéi] ディスプレイ

動 ～を展示する，～を示す　名 展示

▶ display paintings in the museum
美術館で絵画を展示する

パソコンなどのディスプレイもdisplayで表せるよ。

0452

**balance**

[bǽləns] バランス

動 ～のバランスをとる　名 バランス，均衡(きんこう)

▶ balance work and private life
仕事と私生活のバランスをとる

0453

**bother**

[bάðər] バザァ

動 ～を悩(なや)ませる，～に迷惑(めいわく)をかける

▶ bother my parents　自分の両親を悩ませる

0454

**hate**

[heit] ヘイト

動 ～をひどく嫌(きら)う，～を憎(にく)む

▶ hate tomatoes　トマトをひどく嫌う

0455

**support**

[səpɔ́:rt] サポート

動 ～を支える，～を支持する
名 支持

▶ support my family　私の家族を支える

0456

**publish**

[pʌ́bliʃ] パブリシ

動 ～を出版する

▶ publish a novel　小説を出版する

■0457

## discuss

[diskʌ́s] ディス**カ**ス

動 **～について話し合う,** ～について議論する

▶ discuss our plans for this summer
この夏の自分たちの計画について話し合う

■0458

## grill

[gril] グ**リ**ル

動 **～を焼き網で焼く**

▶ grill fish　魚を焼き網で焼く

■0459

## pour

[pɔːr] **ポー**(ァ)

動 **～を注ぐ,** (雨が)激しく降る

▶ pour wine into a glass　グラスにワインを注ぐ

■0460

## remind

[rimáind] リ**マ**インド

動 **(人)に思い出させる**

▶ remind me of my childhood
私に子ども時代を思い出させる

remind ～ of ...「～に…を思い出させる」の形でよく使われるよ。

■0461

## rescue

[réskjuː] **レ**スキュー

動 **～を救助する**

名 救助

▶ rescue her from the fire　火事から彼女を救助する

■0462

## translate

[trænsleit] トゥ**ラ**ンスレイト

動 **～を翻訳する**

▶ translate the document into Japanese
文書を日本語に翻訳する

■0463

## fight

[fait] **ファ**イト

動 **戦う**

名 戦い, けんか

変化形 **fight - fought - fought**

▶ fight to win　勝つために戦う

■0464

## accept

[əksépt] アク**セ**プト

動 **～を受け取る,** ～を受け入れる

▶ accept a present　贈り物を受け取る

よく出る単語
動詞

『5分間テストブック』を解いてみよう！ ➜ 別冊 p.32

0465

**escape**
[iskéip] イスケイプ

動 逃げる
名 逃亡
▶ escape from reality 現実から逃げる

0466

**wave**
[weiv] ウェイヴ

動 手を振る
▶ wave from the window 窓から手を振る

0467

**contain**
[kəntéin] コンテイン

動 〜を含む
▶ contain a lot of vegetables 多くの野菜を含む

0468 発音

**exhibit**
[igzíbit] イグズィビト

動 〜を展示する
▶ exhibit the paintings in London
ロンドンで絵画を展示する

exhibit の h は発音しないよ。

0469

**handle**
[hǽndl] ハンドゥル

動 〜を扱う，〜に手を触れる
名 取っ手，柄
▶ handle an emergency 緊急事態を扱う

0470

**reduce**
[ridjúːs] リデュース

動 〜を減らす，減る
▶ reduce my weight 私の体重を減らす

0471

**surf**
[səːrf] サーフ

動 (インターネットのサイトなど)を見て回る，サーフィンをする
▶ surf the Internet インターネットを見て回る

0472

**consider**
[kənsídər] コンスィダァ

動 〜をよく考える，〜を熟考する
▶ consider the situation 状況をよく考える

0 500 1000 1220

0473
# delay
[diléi] ディレイ

動 ～を延期する, ～を遅らせる 名 延期, 遅れ

▶ delay the team meeting
チーム会議を延期する

a train is delayed で「電車が遅延する」という意味だよ。

0474
# mention
[ménʃn] メンション

動 ～に言及する, ～を述べる 名 言及, 記載

▶ mention the results of the test
試験の結果に言及する

0475
# treat
[tri:t] トゥリート

動 ～を治療する, ～を扱う

▶ treat patients 患者を治療する

0476
# agree
[əgríː] アグリー

動 賛成する, 同意する

▶ agree to your proposal あなたの提案に賛成する

0477
# provide
[prəváid] プロヴァイド

動 ～を提供する

▶ provide information for them
彼らに情報を提供する

0478
# supply
[səplái] サプライ

動 ～を供給する 名 供給

▶ supply children with food
子どもたちに食べ物を供給する

0479
# touch
[tʌtʃ] タッチ

動 ～に触れる, ～を感動させる
名 触れること, 触覚

▶ touch the panel with your finger 指でパネルに触れる

0480
# hit
[hit] ヒット

動 ～を打つ, ～にぶつかる
名 打撃

変化形 hit - hit - hit

▶ hit a ball with a bat バットでボールを打つ

『5分間テストブック』を解いてみよう！ ➜ 別冊 p.33

■0481

**review**

[rivjúː] リヴュー

動 ～を復習する，～をよく調べる

名 復習，再調査

▶ review today's lesson　今日の授業を復習する

■0482

**trust**

[trʌst] トゥラスト

動 ～を信用[信頼(しんらい)]する

名 信用，信頼

▶ trust her words　彼女(かのじょ)の言葉を信用する

■0483

**imagine**

[imǽdʒin] イマヂン

動 ～を想像する

▶ imagine her future　彼女の将来を想像する

■0484

**skip**

[skip] スキップ

動 ～を抜(ぬ)かす，跳(は)ねる

名 スキップ

▶ skip breakfast　朝食を抜く

■0485

**ignore**

[ignɔ́ːr] イグノー(ア)

動 ～を無視する

▶ ignore his advice　彼(かれ)の助言を無視する

■0486

**access**

[ǽkses] アクセス

動 ～にアクセスする，～に近づく

名 接続，接近

▶ access a network　ネットワークにアクセスする

■0487　▼アクセント

**manage**

[mǽnidʒ] マネヂ

動 ～を経営する，～を何とかやり遂(と)げる

▶ manage a store
店を経営する

manage to ～「どうにか～する」の形でよく使われるよ。

■0488

**act**

[ækt] アクト

動 行動する，～を演じる

▶ act quickly　素早(すばや)く行動する

■0489

**download**

[dáunloud] ダウンロウド

動 ～をダウンロードする　名 ダウンロード

▶ download software
ソフトウェアをダウンロードする

■0490

**divide**

[diváid] ディヴァイド

動 ～を分ける

▶ divide the students into three classes
生徒を３つの組に分ける

■0491

**recognize**

[rékəgnaiz] レコグナイズ

動 ～を認識（にんしき）する，～をそれとわかる

▶ recognize him in the street　通りで彼を認識する

■0492

**march**

[mɑːrtʃ] マーチ

動 行進する

▶ march through the town
町中を行進する

March「３月」は同じつづりで最初の文字が大文字だよ。

■0493

**melt**

[melt] メルト

動 溶（と）ける，～を溶かす

▶ melt quickly in the mouth　口の中ですぐ溶ける

■0494

**release**

[rilíːs] リリース

動 ～を解放する
名 解放，（一般（いっぱん））公開

▶ release the birds　鳥を解放する

■0495

**admit**

[ədmít] アドゥミット

動 ～を（しぶしぶ）認める

▶ admit that I was wrong
私が間違（まちが）っていたことを認める

■0496

**complain**

[kəmpléin] コンプレイン

動 不平を言う

▶ complain about the service
サービスについて不平を言う

よく出る単語
動詞

▷『5分間テストブック』を解いてみよう！　➜ 別冊 p.34

0497

**complete**

[kəmplíːt] コンプリート

動 ～を終わらせる，～を完全なものにする
形 完全な，すべてがそろった
▶ complete our task　私たちの仕事を終わらせる

0498

**lie**

[lai] ライ

動 うそをつく
名 うそ
▶ lie to her　彼女(かのじょ)にうそをつく

0499

**crash**

[kræʃ] クラッシ

動 衝突(しょうとつ)する
名 衝突
▶ crash into a wall　壁(かべ)に衝突する

0500

**lead**

[liːd] リード

動 ～を導く
名 (the をつけて)先頭
変化形 **lead - led - led**
▶ lead the team　チームを導く

0501

**arrange**

[əréindʒ] アレインヂ

動 ～を取り決める，～を準備する
▶ arrange a business meeting
ビジネス会議を取り決める

0502

**apologize**

[əpɑ́lədʒaiz] アパロヂャイズ

動 謝(あやま)る
▶ apologize to my colleague　同僚(どうりょう)に謝る

0503

**request**

[rikwést] リクウェスト

動 ～を要請(ようせい)する，～を依頼(いらい)する
名 要請，依頼
▶ request your help　あなたの助けを要請する

0504

**participate**

[pɑːrtísəpeit] パーティスィペイト

動 参加する
▶ participate in a conference
会議に参加する

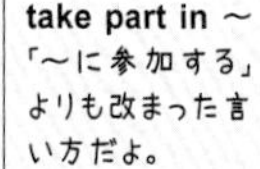

■0505
**suffer**
[sʌ́fər] サファ

動 苦しむ，病気にかかる
▶ suffer from poverty　貧困(ひんこん)に苦しむ

■0506
**stick**
[stik] スティック

動 ～を突(つ)き刺(さ)す，くっつく
変化形 **stick - stuck - stuck**
▶ stick meat with a fork　フォークで肉を突き刺す

■0507
**survive**
[sərváiv] サヴァイヴ

動 ～を生き残る
▶ survive the car accident　自動車事故を生き残る

■0508
**vote**
[vout] ヴォウト

動 投票する，～を投票で決める
名 投票
▶ have the right to vote　投票する権利がある

■0509
**flash**
[flæʃ] フラッシ

動 ぴかっと光る，～をぱっと照らす
名 きらめき　カメラのフラッシュもこの語で表すよ。
▶ flash in the dark sky　暗い空にぴかっと光る

■0510
**establish**
[istǽbliʃ] イスタブリシ

動 ～を設立する
▶ establish an international organization
国際組織を設立する

■0511
**prove**
[pru:v] プルーヴ

動 ～を証明する
変化形 **prove - proved - proved［proven］**
▶ prove your innocence　あなたの無実を証明する

■0512
**recover**
[rikʌ́vər] リカヴァ

動 回復する
▶ recover from an injury　けがから回復する

『5分間テストブック』を解いてみよう！ ➡ 別冊 p.35

# 33 よく出る単語
## 動詞⑧・名詞①

0513
### resemble
[rizémbl] リゼンブル

動 ～に似ている

▶ resemble your father
あなたの父親に似ている

〈resemble ＋ 人〉のように，前置詞なしですぐあとに目的語が続くよ。

0514
### raise
[reiz] レイズ

動 ～を育てる，～を上げる

▶ raise my son　私の息子を育てる

0515
### sink
[siŋk] スィンク

動 沈む，～を沈める　名 流し，シンク

変化形　**sink - sank [sunk] - sunk**

▶ sink deep under the sea　海中深くに沈む

0516
### consist
[kənsíst] コンスィスト

動 成る，ある

▶ consist of young people　若者から成る

0517
### blow
[blou] ブロウ

動 (風が)吹く，～に息を吹きかける

変化形　**blow - blew - blown**

▶ blow hard　激しく(風が)吹く

0518
### accomplish
[əkámpliʃ] アカンプリッシュ

動 ～をやり遂げる，～を達成する

▶ accomplish her mission　彼女の任務をやり遂げる

0519
### explore
[iksplɔ́ːr] イクスプロー(ァ)

動 ～を探検する

▶ explore the forest　森を探検する

0520
### promote
[prəmóut] プロモウト

動 ～を促進する，～を昇進させる

▶ promote a healthy lifestyle
健康的なライフスタイルを促進する

0　500　1000　1220

■0521　アクセント

**success**
[səksés] サクセス

名 成功
▶ achieve success in business
ビジネスで成功を収める

■0522

**method**
[méθəd] メソド

名 方法
▶ a new method of learning English
英語を学ぶ新しい方法

■0523

**pain**
[pein] ペイン

名 痛み，（複数形で）苦労
▶ bear the pain in my neck　首の痛みに耐(た)える

■0524

**discount**
[dískaunt] ディスカウント

名 割引，値引
動 ～を割り引く
▶ buy a ticket at a discount　チケットを割引で買う

■0525

**address**
[ǽdres] アドゥレス

名 住所，演説
動 ～に宛名(あてな)を書く，～に演説する
▶ write your name and address　あなたの名前と住所を書く

■0526

**note**
[nout] ノウト

名 覚え書き，注釈(ちゅうしゃく)
動 ～を書き留める
▶ take a few notes　いくつか覚え書きを書く

■0527

**equipment**
[ikwípmənt] イクウィプメント

名 （集合的に）設備，用具
▶ install the equipment
設備を設置する

数えられない名詞だよ。

■0528

**shelf**
[ʃelf] シェルフ

名 棚(たな)
▶ books on the shelf　棚の本

『5分間テストブック』を解いてみよう！　➡ 別冊 p.36

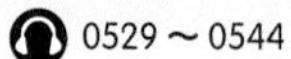

0529
**stamp**
[stæmp] スタンプ

名 切手
▶ put a stamp on the letter　手紙に切手を貼る

0530　発音
**energy**
[énərdʒi] エナヂィ

名 エネルギー，精力
▶ reduce energy consumption
エネルギー消費を減らす

0531
**memory**
[méməri] メモリィ

名 記憶力，思い出
▶ have a good memory　記憶力がよい

0532
**choice**
[tʃɔis] チョイス

名 選択，(前に a をつけて)選択権
▶ make a good choice
よい選択をする

動詞は choose「～を選ぶ」だよ。

0533
**bakery**
[béikəri] ベイカリィ

名 パン屋
▶ work at a bakery　パン屋で働く

0534
**cleaner**
[klí:nər] クリーナァ

名 掃除機，(the cleaners で)クリーニング店
▶ buy a new cleaner　新しい掃除機を買う

0535
**neighborhood**
[néibərhud] ネイバフド

名 近所，地域
▶ live in the neighborhood　近所に住む

0536
**backyard**
[bækjá:rd] バクヤード

名 裏庭
▶ play with my dog in the backyard
裏庭で自分のイヌと遊ぶ

0　500　1000　1220

■0537

**university**

[ju:nəvə́:rsəti] ユーニヴァースィティ

名 大学

▶ graduate from university　大学を卒業する

■0538

**restroom**

[réstru:m] レストゥルーム

名 (公共施設内の)トイレ，化粧室

▶ find the nearest restroom
いちばん近いトイレを見つける

■0539

**spice**

[spais] スパイス

名 スパイス，香辛料

▶ add spice to food　料理にスパイスを加える

■0540　発音

**salmon**

[sǽmən] サモン

名 サケ，サケの肉

▶ eat a piece of salmon　1切れのサケを食べる

■0541

**earth**

[ə:rθ] アース

名 (前に the をつけて)地球

▶ on the Earth　地球上で

Earth と大文字にすることがあるよ。

■0542　アクセント

**engineer**

[endʒəníər] エンヂニア

名 エンジニア，技術者

▶ receive engineer training
エンジニアの訓練を受ける

■0543　アクセント

**employee**

[implɔií:] インプロイイー

名 従業員

▶ a part-time employee　パート従業員

■0544

**amusement**

[əmjú:zmənt] アミューズメント

名 娯楽，楽しみ

▶ run amusement facilities　娯楽施設を運営する

『5分間テストブック』を解いてみよう！　➡ 別冊 p.37

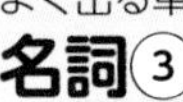

0545

**role**

[roul] ロウル

名 **役**，役割

▶ play the leading role 主役を演じる

play an important role in ～で「～で重要な役割を果たす」という意味だよ。

0546

**distance**

[dístəns] ディスタンス

名 **距離**(きょり)

▶ run a long distance 長距離を走る

0547

**row**

[rou] ロウ

名 **列**，横列

▶ stand in a row 1列に並んで立つ

0548

**invitation**

[invətéiʃn] インヴィテイション

名 **招待**

▶ accept an invitation 招待に応じる

0549

**tradition**

[trədíʃn] トゥラディション

名 **伝統**

▶ follow the family tradition 家族の伝統に従う

0550

**mystery**

[místəri] ミステリィ

名 **ミステリー**，神秘

▶ like reading mystery novels ミステリー小説を読むのが好きだ

0551 ▼アクセント

**image**

[ímidʒ] イメヂ

名 **映像**，イメージ

▶ see a digital image デジタル映像を見る

0552

**century**

[séntʃəri] センチュリィ

名 **1世紀**，100年(間)

▶ in the 21st century 21世紀に

■0553

## headache

[hédeik] ヘデイク

名 頭痛

▶ suffer from a headache 頭痛に苦しむ

〈体の部分＋ache〉で「～痛」という意味を表すよ。

■0554 発音

## stomachache

[stʌ́məkeik] スタマクエイク

名 腹痛, 胃痛

▶ have a stomachache 腹痛がする

■0555 発音

## cough

[kɔːf] コーフ

名 せき

動 せきをする

▶ have a cough せきが出る

■0556

## injury

[índʒəri] インヂュリィ

名 負傷

▶ suffer an arm injury 腕(うで)を負傷している

■0557 発音

## knee

[niː] ニー

名 膝(ひざ)

▶ hurt my knee 私の膝を痛める

■0558

## throat

[θrout] スロウト

名 のど

▶ have a sore throat のどが痛い

■0559

## grade

[greid] グレイド

名 成績, 学年

▶ get a good grade よい成績を取る

■0560

## experience

[ikspíəriəns] イクスピ(ア)リエンス

名 経験

動 ～を経験する

▶ have a great experience すばらしい経験をする

『5分間テストブック』を解いてみよう！ ➡ 別冊 p.38

■0561

**knowledge**

[nɑ́lidʒ] ナレヂ

名 知識

数えられない名詞だよ。

▶ expand my knowledge about music
音楽についての知識を広げる

■0562

**advantage**

[ədvǽntidʒ] アドゥヴァンテヂ

名 利点，利益

▶ have many advantages　多くの利点がある

■0563

**ability**

[əbíləti] アビリティ

名 能力

▶ the ability to speak Spanish
スペイン語を話す能力

■0564

**purpose**

[pə́ːrpəs] パーパス

名 目的

▶ understand the purpose of the event
イベントの目的を理解する

■0565　▼アクセント

**interest**

[íntərəst] インタレスト

名 興味

動 ～に興味を持たせる

▶ have an interest in politics　政治に興味がある

■0566

**climate**

[kláimit] クライメト

名 気候

▶ a country with a warm climate　温暖な気候の国

■0567

**storm**

[stɔ́ːrm] ストーム

名 嵐(あらし)，暴風雨

▶ the clear sky after the storm　嵐のあとの晴れた空

■0568

**appointment**

[əpɔ́intmənt] アポイントゥメント

名 (面会の)約束，予約

▶ make an appointment with him
彼(かれ)と会う約束をする

■0569

**gallery**

[gǽləri] ギャラリィ

名 **美術館，** 画廊

▶ volunteer at an art gallery
美術館でボランティアをする

■0570

**fence**

[fens] フェンス

名 **柵，** 囲い

▶ jump over the fence 柵を飛び越える

■0571

**castle**

[kæsl] キャスル

名 **城**

▶ a historic castle in Japan 日本の歴史的な城

■0572

**highway**

[háiwei] ハイウェイ

名 **主要[幹線]道路**

▶ drive on a highway 主要道路で運転する

■0573

**bay**

[bei] ベイ

名 **湾**

▶ a great view of the bay 湾のすばらしい景色

■0574

**forest**

[fɔ́:rist] フォーレスト

名 **森林，** 山林

▶ prevent forest fires 森林火災を防ぐ

■0575

**scene**

[si:n] スィーン

名 **場面，** 眺め

scenery「景色」も一緒に覚えよう!

▶ the best scene in this movie
この映画で最もよい場面

■0576

**view**

[vju:] ヴュー

名 **眺め，** 見方

動 ～を見る

▶ a wonderful view すばらしい眺め

『5分間テストブック』を解いてみよう！ ➡ 別冊 p.39

0577

**wing**

[wiŋ] ウィング

名 羽，翼（つばさ）

▶ spread their wings　羽を広げる

0578

**poem**

[póuəm] ポウエム

名 詩

▶ write a short poem　短い詩を書く

0579

**instructor**

[instrʌ́ktər] インストゥラクタァ

名 指導者

▶ choose a driving instructor
運転教習所の指導者を選ぶ

0580　発音

**designer**

[dizáinər] ディザイナァ

名 デザイナー

▶ clothes made by a famous designer
有名なデザイナーによって作られた服

0581　発音

**tournament**

[túərnəmənt] トゥアナメント

名 トーナメント

▶ win a tournament　トーナメントで勝つ

0582　発音

**sight**

[sait] サイト

名 視力，見ること

▶ have good sight　視力がよい

0583

**ceremony**

[sérəmouni] セレモウニィ

名 式，儀式（ぎしき）

▶ take part in a ceremony
式に参加する

「茶道（さどう）」のことを **tea ceremony** というよ。

0584

**graduation**

[grædʒuéiʃn] グラデュエイション

名 卒業，卒業式

▶ work abroad after graduation
卒業後，海外で働く

■0585 発音

# glove

[glʌv] グラヴ

名 手袋（てぶくろ）

▶ buy a new pair of gloves
新しい手袋を買う

野球のグローブもgloveというよ。

■0586

# connection

[kənékʃn] コネクション

名 接続，関係

▶ have an Internet connection
インターネット接続がある

■0587

# addition

[ədíʃn] アディション

名 追加

▶ the addition of a new member
新しいメンバーの追加

■0588

# accident

[ǽksidənt] アクスィデント

名 事故，偶然（ぐうぜん）

▶ have a traffic accident　交通事故にあう

■0589

# moment

[móumənt] モウメント

名 瞬間（しゅんかん），時点

▶ remember the moment　その瞬間を覚えている

■0590

# sense

[sens] センス

名 感覚，意味
動 ～に気づく，～を感知する

▶ bring a sense of security　安心感をもたらす

■0591

# post

[poust] ポウスト

名 郵便

▶ take a letter to the post office
手紙を郵便局に持って行く

■0592

# chemical

[kémikl] ケミカル

名 化学薬品，化学製品　形 化学の

▶ remove harmful chemicals
有害な化学薬品を除去する

『5分間テストブック』を解いてみよう！ ➡ 別冊 p.40

0593

**roll**

[roul] ロウル

名 巻いたもの 動 転がる，～を転がす

▶ keep a roll of paper towel
ペーパータオル1巻きを保管する

0594

**screen**

[skri:n] スクリーン

名 スクリーン，画面

▶ watch the movie on a large screen
大型スクリーンで映画を見る

0595

**battery**

[bǽtəri] バテリィ

名 バッテリー，電池

▶ replace the battery バッテリーを交換(こうかん)する

0596

**middle**

[mídl] ミドゥル

名 真ん中

▶ stand in the middle of the stage
舞台(ぶたい)の真ん中に立つ

0597

**relative**

[rélətiv] レラティヴ

名 親戚(しんせき) 形 相対的な

▶ my relatives in Kyoto
京都にいる親戚

0598

**audience**

[ɔ́:diəns] オーディエンス

名 観衆，聴衆(ちょうしゅう)

▶ a large audience at the concert
コンサートの多くの観衆

0599 発音

**cousin**

[kʌzn] カズン

名 いとこ

▶ play soccer with my cousin
私のいとことサッカーをする

0600 発音

**nephew**

[néfju:] ネフュー

名 おい

「めい」は niece だよ。

▶ have a nephew who is six years old
6歳(さい)のおいがいる

■0601

**adult**

[ədʌ́lt] アダルト

名 大人
形 大人の
▶ become an adult 大人になる

■0602

**crowd**

[kraud] クラウド

名 群衆
動 群がる
▶ lose you in the crowd 群衆の中であなたを見失う

■0603

**population**

[pɑpjəléiʃn] パピュレイション

名 人口
▶ the population of children 子どもの人口

■0604

**officer**

[ɔ́:fisər] オーフィサァ

名 公務員，警察官
▶ work as a public officer 公務員として働く

■0605

**lifeguard**

[láifgɑ:rd] ライフガード

名 (海・プールの)監視員
▶ apply for a job as a lifeguard
監視員の仕事に応募する

■0606

**clerk**

[klə:rk] クラーク

名 事務員，店員
▶ become a clerk of the bank
銀行の事務員になる

ホテルのフロント係のことも **clerk** というよ。

■0607

**nurse**

[nə:rs] ナース

名 看護師
▶ wait for a nurse to come 看護師が来るのを待つ

■0608

**diver**

[dáivər] ダイヴァ

名 潜水士，ダイバー
▶ want to be a diver 潜水士になりたい



『5分間テストブック』を解いてみよう！ ➡ 別冊 p.41

0609～0624

0609

**author**
[ɔ́:θər] オーサァ

名 **作家,** 著者

▶ the author of this novel　この小説の作者

0610

**tutor**
[tjú:tər] テュータァ

名 **家庭教師,** 個人教師

▶ hire a tutor　家庭教師を雇う

0611

**editor**
[éditər] エディタァ

名 **編集者**

▶ a magazine editor　雑誌の編集者

0612

**assistant**
[əsístənt] アスィスタント

名 **助手,** 補佐

▶ ask my assistant to help　助手に手伝うように頼む

0613

**journey**
[dʒə́:rni] ヂャーニィ

名 **旅行**

▶ make a long journey
長い旅行をする

journey は比較的長い旅行のことをいうよ。

0614

**adventure**
[ədvéntʃər] アドゥヴェンチァ

名 **冒険**

▶ go on an adventure　冒険に出かける

0615

**essay**
[ései] エセイ

名 **レポート,** 作文

▶ write the introduction of the essay
レポートの序論を書く

0616

**document**
[dákjumənt] ダキュメント

名 **文書,** 書類

▶ sign a document　文書に署名する

■0617
**coupon**
[kjúːpɑn] クーパン

名 割引券，クーポン
▶ use a coupon　割引券を使う

■0618
**effort**
[éfərt] エフォト

名 努力，苦労
▶ make every effort to win
勝つためにあらゆる努力をする

■0619
**danger**
[déindʒər] デインヂァ

名 危険
▶ face the danger　危険に直面する

■0620
**strength**
[streŋkθ] ストゥレンヶ(ク)ス

名 力，強さ
▶ develop the physical strength　体力をつける

■0621
**conversation**
[kɑnvərséiʃn] カンヴァセイション

名 会話，話すこと
▶ have a conversation with my friend
友人と会話をする

■0622
**custom**
[kʌ́stəm] カスタム

名 慣習，習慣
▶ a local custom　地元の慣習

■0623
**furniture**
[fə́ːrnitʃər] ファーニチァ

名 (集合的に)家具
▶ a room filled with old furniture
古い家具がたくさんある部屋

数えるときは a piece of furniture「1つの家具」のようにいうよ。

■0624
**position**
[pəzíʃn] ポズィション

名 地位，位置
▶ lose his position　彼(かれ)の地位を失う

『5分間テストブック』を解いてみよう！ ➡ 別冊 p.42

■0625
**midnight**
[mídnait] ミドゥナイト

名 午前0時
▶ wake up at midnight
午前0時に目が覚める

night「夜」の前に「中間の」という意味を表すmidがついた語だよ。

■0626
**technology**
[teknάlədʒi] テクナロヂィ

名 科学技術，テクノロジー
▶ apply the latest technology
最新の科学技術を適用する

■0627
**experiment**
[ikspérəmənt] イクスペリメント

名 実験
▶ conduct an experiment　実験を行う

■0628　発音
**exhibition**
[eksibíʃn] エクスィビション

名 展覧会
▶ hold an exhibition of the paintings
絵画の展覧会を開く

■0629
**lecture**
[léktʃər] レクチァ

名 講義，講演
▶ give a lecture on psychology
心理学の講義をする

■0630
**challenge**
[tʃǽlindʒ] チャレンヂ

名 難題，挑戦（ちょうせん）
動 ～に異議を唱える，(人)に挑戦する
▶ address the challenge　難題に取り組む

■0631
**comment**
[kάment] カメント

名 論評，コメント　動 論評する
▶ make a comment on the novel
小説について論評する

■0632
**government**
[gʌ́vərnmənt] ガヴァ(ン)メント

名 政府
▶ the central government　中央政府

0 500 1000 1220

■0633

# kilogram

[kíləgræm] キログラム

名 キログラム

▶ lose three kilograms in one month
1か月で3キログラム痩せる

■0634

# total

[tóutl] トウトゥル

名 全体，合計　形 合計の，全体の

▶ the total of the cost
費用の全体

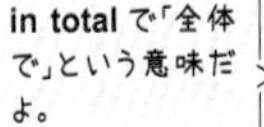

■0635

# horror

[hɔ́:rər] ホーラァ

名 恐怖

▶ watch a horror movie　ホラー映画を見る

■0636　アクセント

# atmosphere

[ǽtməsfiər] アトゥモスフィア

名 雰囲気，(the をつけて)大気

▶ a restaurant with a good atmosphere
よい雰囲気のレストラン

■0637

# angle

[ǽŋgl] アングル

名 角度，観点

▶ see things from every angle
あらゆる角度から物事を見る

■0638

# situation

[sitʃuéiʃn] スィチュエイション

名 状況，情勢

▶ overcome the difficult situation
難しい状況を乗り越える

■0639

# spelling

[spéliŋ] スペリング

名 つづり

▶ make a spelling mistake　つづりミスをする

■0640

# behavior

[bihéivjər] ビヘイヴャ

名 振る舞い，行動

▶ change bad behavior　悪い振る舞いを変える

よく出る単語　名詞

『5分間テストブック』を解いてみよう！ ➡ 別冊 p.43

0641

**track**

[træk] トゥラック

名 線路，走路
動 ～の足跡(あしあと)を追う

▶ cross the track 線路を横切る

0642

**avenue**

[ǽvənjuː] アヴェニュー

名 大通り

▶ an avenue lined with restaurants
レストランが並んだ大通り

0643

**location**

[loukéiʃn] ロウケイション

名 場所，位置

▶ a good location for a park
公園に適した場所

0644

**side**

[said] サイド

名 片側，側面

▶ the left side of the road 道路の左側

0645

**photograph**

[fóutəgræf] フォウトグラフ

名 写真 動 ～の写真を撮(と)る

▶ take a photograph of you
あなたの写真を撮る

**photo** は **photograph** を短くした語だよ。

0646 発音

**closet**

[klázit] クラゼト

名 クローゼット，物置

▶ put clothes in the closet
服をクローゼットに入れる

0647 アクセント

**refrigerator**

[rifrídʒəreitər] リフリヂェレイタァ

名 冷蔵庫

▶ put the milk in the refrigerator
牛乳を冷蔵庫に入れる

0648

**electronics**

[ilektrániks] イレクトゥラニクス

名 電子工学，電子産業

▶ study electronics at college
大学で電子工学を学ぶ

0 500 1000 1220

■0649

**harvest**

[hɑ́:rvist] ハーヴェスト

名 収穫(しゅうかく)
動 ～を収穫する
▶ pray for a good harvest　豊作を祈(いの)る

■0650

**coast**

[kóust] コウスト

名 海岸，沿岸
▶ drive along the coast　海岸沿いをドライブする

■0651

**detail**

[díteil] ディテイル

名 (複数形で)詳細(しょうさい)，細部　動 ～を詳(くわ)しく話す
▶ explain the details of the plan
計画の詳細を説明する

■0652

**billion**

[bíljən] ビリョン

名 10億，(複数形で)数十億
▶ invest a billion dollars　10億ドルを投資する

■0653

**sheet**

[ʃi:t] シート

名 1枚(の紙)，薄板(うすいた)
▶ fold a sheet of paper in half
1枚の紙を半分に折る

■0654

**temperature**

[témpərətʃər] テンペラチァ

名 体温，気温
▶ take your temperature　あなたの体温を計る

■0655

**profit**

[prɑ́fit] プラフィト

名 利益，もうけ
▶ gain a large profit　大きな利益を得る

■0656

**fare**

[feər] フェア

名 (乗り物の)料金
▶ pay the bus fare in advance
前もってバス料金を支払(しはら)う

fare は乗り物の料金，fee は入場料を表すことが多いよ。

『5分間テストブック』を解いてみよう！　➡ 別冊 p.44

# 42 よく出る単語 名詞⑩

0657
## value
[vǽljuː] ヴァリュー

名 価値

▶ the value of the diamond
そのダイヤモンドの価値

0658
## option
[ɑpʃn] アプション

名 選択肢(せんたくし)

▶ choose the best option　最善の選択肢を選ぶ

0659
## arrival
[əráivəl] アライヴ(ァ)ル

名 到着(とうちゃく)

▶ the arrival of the train
電車の到着

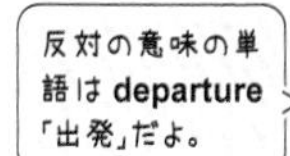

0660
## style
[stail] スタイル

名 やり方，様式

▶ like her style　彼女(かのじょ)のやり方を好む

0661　発音
## statue
[stǽtʃuː] スタチュー

名 像，彫像(ちょうぞう)

▶ a statue made in the 16th century
16 世紀に作られた像

0662
## enemy
[énəmi] エネミィ

名 敵

▶ fight against an enemy　敵と戦う

0663
## level
[lévəl] レヴェル

名 水準，レベル

▶ a high level of education　高水準の教育

0664
## decision
[disíʒn] ディスィジョン

名 決心，決定

▶ a difficult decision　難しい決心

0 500 1000 1220

0665 発音

**liquid**

[líkwid] リクウィド

名 液体

▶ the white liquid
白い液体

「固体」は solid,「気体」は gas だよ。

0666

**rhythm**

[riðm] リズム

名 リズム

▶ dance to the rhythm　リズムに合わせて踊(おど)る

0667 発音

**explanation**

[eksplənéiʃn] エクスプラネイション

名 説明

▶ ask for a clear explanation　明確な説明を求める

0668

**harmony**

[hɑ́:rməni] ハーモニィ

名 調和

▶ live in harmony with others
ほかの人々と調和して暮らす

0669

**pride**

[praid] プライド

名 誇(ほこ)り，プライド

▶ take pride in our culture
私たちの文化に誇りを持つ

0670 発音

**surface**

[sə́:rfis] サーフェス

名 表面，(the をつけて)外見

▶ touch the water surface　水の表面を触(さわ)る

0671

**freedom**

[frí:dəm] フリーダム

名 自由

▶ fight for freedom　自由のために戦う

0672

**material**

[mətíəriəl] マティ(ア)リアル

名 材料，生地(きじ)　形 物質の

▶ raise the price of raw materials
原材料の価格を上げる

『5分間テストブック』を解いてみよう！ ➔ 別冊 p.45

■0673
**noise**
[nɔiz] ノイズ
名 騒音（そうおん）
▶ make a big noise　大きな騒音を立てる

■0674
**silence**
[sáiləns] サイレンス
名 静寂（せいじゃく），沈黙（ちんもく）
動 ～を黙（だま）らせる
▶ break the silence　静寂を破る

形容詞は silent「静かな」だよ。

■0675
**survey**
[sə́ːrvei] サーヴェイ
名 (詳細（しょうさい）な)調査
動 ～を調査する [səːrvéi]
▶ conduct a public survey　公的な調査を行う

■0676
**debate**
[dibéit] ディベイト
名 討論　動 討論する
▶ a debate on global warming
地球温暖化についての討論

■0677
**workplace**
[wə́ːrkpleis] ワークプレイス
名 職場，仕事場
▶ keep the workplace clean　職場をきれいに保つ

■0678
**conference**
[kάnfərəns] カンフェレンス
名 (正式な)会議
▶ organize an international conference
国際会議を組織する

■0679
**task**
[tæsk] タスク
名 仕事
▶ manage your task　あなたの仕事を管理する

■0680
**object**
[άbdʒikt] アブヂェクト
名 物，対象
▶ create a large object　大きな物体を作る

0　500　1000　1220

■0681
## childhood
[tʃáildhud] チャイルドゥフッド

名 子どものころ，幼児期

▶ have known each other since childhood
子どものころから知り合いである

■0682
## forecast
[fɔ́ːrkæst] フォーキャスト

名 予報

▶ watch the weather forecast　天気予報を見る

■0683
## literature
[lítərətʃər] リテラチァ

名 文学

▶ a scholar of Japanese literature　日本文学の学者

■0684
## attitude
[ǽtitjuːd] アティテュード

名 態度

▶ his positive attitude toward the job
仕事に対する彼(かれ)の前向きな態度

■0685
## process
[prάses] プラセス

名 過程

▶ improve the production process
生産過程を改善する

■0686
## trend
[trend] トゥレンド

名 傾向(けいこう)，流行

▶ analyze the market trend　市場の傾向を分析(ぶんせき)する

■0687　▼アクセント
## volume
[vάljəm] ヴァリュム

名 音量，分量

▶ turn down the volume of the radio
ラジオの音量を下げる

アクセントの位置は前だよ。

■0688
## condition
[kəndíʃn] コンディション

名 状態，(複数形で)状況(じょうきょう)

▶ check the condition of the car
車の状態を確認(かくにん)する

▷『5分間テストブック』を解いてみよう！　➡ 別冊 p.46

■0689
**rental**
[réntl] レントゥル

名 **賃貸料**（ちんたいりょう）
形 レンタルの
▶ at a rental of ten dollars　10ドルの賃貸料で

動詞は rent「～を借りる，～を貸す」だよ。

■0690
**shelter**
[ʃéltər] シェルタァ

名 **避難所**（ひなんじょ），住まい　動 ～を保護する，避難する
▶ set up a temporary shelter
仮設の避難所を設置する

■0691
**stair**
[steər] ステア

名 （複数形で）**階段**
▶ go up the stairs　階段を上がる

■0692
**praise**
[preiz] プレイズ

名 **称賛**（しょうさん），賛美
動 ～をほめる，称賛する
▶ receive praise from you　あなたから称賛を受ける

■0693
**feature**
[fí:tʃər] フィーチァ

名 **特徴**（とくちょう）
▶ introduce the new features of the device
機器の新しい特徴を紹介（しょうかい）する

■0694
**trap**
[træp] トゥラップ

名 **わな**
▶ set a trap for animals　動物にわなを仕掛（しか）ける

■0695
**helpful**
[helpfl] ヘルプフル

形 **有用な**，助けになる
▶ give you helpful advice
あなたに有用な助言を与（あた）える

■0696
**terrible**
[térəbl] テリブル

形 **ひどく悪い**，恐（おそ）ろしい
▶ have a terrible cold
ひどく悪い風邪（かぜ）にかかっている

0697

## violent

[váiələnt] ヴァイオレント

形 **乱暴な，** 激しい

▶ take violent action
乱暴な行動をとる

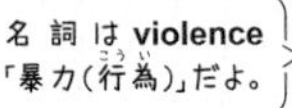

0698

## scared

[skeərd] スケアド

形 **おびえた，** 怖がっている

▶ look scared　おびえたように見える

0699

## confident

[kánfədnt] カンフィデント

形 **自信のある，** 確信して

▶ feel confident in my decision
私の決断に自信がある

0700

## certain

[sə́ːrtn] サートゥン

形 **確信して，** 確かな

▶ I'm certain that you will succeed.
私はあなたが成功すると確信している。

0701

## professional

[prəféʃnəl] プロフェショナル

形 **プロの，** 専門の

名 専門家

▶ a professional baseball player　プロの野球選手

0702

## nonsmoking

[nɑnsmóukiŋ] ナンスモウキング

形 **禁煙の**　名 禁煙

▶ stay in a nonsmoking room
禁煙の部屋に滞在する

0703

## thick

[θik] スィック

形 **厚い，** 太い

▶ wear thick glasses　厚いめがねをかける

0704

## thin

[θin] スィン

形 **薄い，** 細い

▶ cut onions into thin slices
タマネギを薄いスライスに切る

『5分間テストブック』を解いてみよう！ ➜ 別冊 p.47

0705～0720

0705

**low**

[lou] ロウ

形 低い

▶ buy a house at a low price　低い価格で家を買う

0706

**brave**

[breiv] ブレイヴ

形 勇敢(ゆうかん)な，勇ましい

▶ a brave soldier　勇敢な兵士

0707

**correct**

[kərékt] コレクト

形 正しい，適切な

動 ～を訂正(ていせい)する

▶ choose the correct answer　正しい答えを選ぶ

0708

**private**

[práivət] プライヴェト

形 私立の，個人的な

▶ a private high school　私立の高校

0709

**personal**

[pə́ːrsənl] パーソナル

形 私的な，個人の

▶ ask for his personal opinion

彼(かれ)の私的な意見を求める

0710

**serious**

[síriəs] スィリアス

形 重大な，真剣(しんけん)な

▶ cause a serious accident

重大な事故を引き起こす

0711

**key**

[kiː] キー

形 重要な　名 かぎ

▶ play a key role in the musical

ミュージカルで重要な役を演じる

「かぎ」には「重要なことがら」という意味もあるね。

0712

**crowded**

[kráudid] クラウディド

形 混雑した

▶ take a crowded bus　混雑したバスに乗る

0　500　1000　1220

■0713

**amazing**

[əméiziŋ] アメイズィング

形 **驚くべき，** びっくりするほどよい

▶ visit an amazing museum
驚くべき博物館を訪れる

■0714

**natural**

[nǽtʃərəl] ナチュラル

形 **自然の，** 当然の

▶ destroy the natural environment
自然環境を破壊する

■0715

**daily**

[déili] デイリィ

形 **日常の，** 毎日の

副 毎日，日ごとに

▶ return to his daily life　彼の日常の生活に戻る

■0716

**western**

[wéstərn] ウェスタン

形 **西の**

▶ move to the western region　西の地域へ引っ越す

■0717　発音

**northern**

[nɔ́:rðərn] ノーザン

形 **北の**

▶ the northern part of Japan　日本の北部

■0718

**British**

[brítiʃ] ブリティシ

形 **英国の**

▶ speak with a British accent
英国のアクセントで話す

the British で「英国人」という意味だよ。

■0719

**unique**

[ju:ní:k] ユーニーク

形 **独特の，** 唯一の

▶ a unique way of thinking　独特の考え方

■0720

**double**

[dʌ́bl] ダブル

形 **2人用の，** 2倍の

動 ～を2倍にする　名 2倍

▶ reserve a double room　2人用の部屋を予約する

『5分間テストブック』を解いてみよう！　➡ 別冊 p.48

0721～0736

■0721 発音

**equal**
[íːkwəl] イークウォル

形 **平等な，** 等しい
動 ～に等しい
▶ achieve equal rights　平等な権利を勝ち取る

■0722

**absent**
[ǽbsənt] アブセント

形 **欠席の，** 不在の
▶ He is absent from school.
彼(かれ)は学校を欠席している。

■0723

**dirty**
[dəːrti] ダーティ

形 **汚(よご)れた，** 汚(きたな)い
▶ wash dirty dishes　汚れた食器を洗う

■0724

**strange**
[streindʒ] ストゥレインヂ

形 **奇妙(きみょう)な**
▶ seem strange to me　私にとって奇妙に思える

■0725

**alive**
[əláiv] アライヴ

形 **生きている**
▶ keep alive　生き続ける

■0726

**empty**
[émpti] エンプティ

形 **空(から)の**
▶ throw away empty cans　空の缶(かん)を捨てる

■0727

**familiar**
[fəmíljər] ファミリャ

形 **よく知られた，** 精通して
▶ a familiar scene
よく知られた光景

be familiar with ～ で「～をよく知っている」という意味だよ。

■0728 発音

**tough**
[tʌf] タフ

形 **困難な，** 頑丈(がんじょう)な
▶ face a tough time　困難な時期に直面する

0　500　1000　1220

■0729

## sore

[sɔ:r] ソー(ァ)

形 痛い

▶ have a sore muscle　筋肉痛になる

■0730

## asleep

[əslí:p] アスリープ

形 眠(ねむ)って

▶ fall asleep on the sofa
ソファで眠ってしまう

asleep は名詞の前に置くことができない形容詞だよ。

■0731

## awake

[əwéik] アウェイク

形 目を覚まして

動 目覚める，～を起こす

▶ stay awake all night　一晩中目を覚ましている

■0732

## valuable

[vǽljuəbl] ヴァリュ(ア)ブル

形 貴重な，高価な

▶ protect valuable information　貴重な情報を守る

■0733

## laptop

[lǽptɑp] ラプタプ

形 ラップトップの

名 ノートパソコン

▶ use a laptop computer　ラップトップのコンピューターを使う

■0734

## proud

[praud] プラウド

形 誇(ほこ)りを持っている

▶ feel proud of you　あなたを誇りに感じる

■0735

## pleased

[pli:zd] プリーズド

形 喜んで

▶ look pleased　喜んでいるように見える

■0736

## disappointed

[disəpɔ́intid] ディサポインティド

形 がっかりして

▶ make me feel disappointed　私をがっかりさせる

▷『5分間テストブック』を解いてみよう！　➡ 別冊 p.49

0737

**curious**

[kjúəriəs] キュ(ア)リアス

形 好奇心(こうきしん)の強い，知りたがる

▶ The child is curious about many things.
その子どもは多くのことについて好奇心が強い。

0738

**particular**

[pərtíkjulər] パティキュラァ

形 特別の，特定の

▶ have no particular reason　特別の理由はない

0739

**worth**

[wəːrθ] ワース

形 価値がある　名 価値

▶ a book worth reading many times
何度も読む価値がある本

0740

**negative**

[négətiv] ネガティヴ

形 否定的な，消極的な

▶ negative effects on climate change
気候変動へのマイナスの効果

反対の意味の単語は **positive**「前向きな」だよ。

0741

**main**

[mein] メイン

形 主な

▶ today's main topic
今日の主な話題

0742

**narrow**

[nǽrou] ナロウ

形 狭(せま)い

動 ～を狭くする

▶ walk on a narrow street　狭い通りを歩く

0743

**calm**

[kɑːm] カーム

形 落ち着いた

動 (calm down で)落ち着く

▶ say in a calm voice　落ち着いた声で言う

0744

**basic**

[béisik] ベイスィク

形 基本的な

▶ a basic course in marketing
マーケティングの基本的なコース

■0745

## dear
[diər] ディア

形 親愛なる

▶ my dear friend
私の親愛なる友人

■0746

## aware
[əwéər] アウェア

形 気づいている

▶ become aware of this problem
この問題に気づく

■0747

## exact
[igzǽkt] イグザクト

形 正確な

▶ tell you the exact time
あなたに正確な時間を教える

■0748

## fantastic
[fæntǽstik] ファンタスティク

形 すばらしい，空想的な

▶ come up with a fantastic idea
すばらしい考えを思いつく

■0749

## necessary
[nésəseri] ネセセリィ

形 必要な

▶ prepare necessary things　必要なものを準備する

■0750

## medical
[médikl] メディカル

形 医学の，医療（いりょう）の

▶ go to medical school　医学部に進む

■0751

## round
[raund] ラウンド

形 丸い

▶ purchase a round table　丸いテーブルを購入（こうにゅう）する

■0752

## square
[skweər] スクウェア

形 正方形の，平方の
名 正方形，広場

▶ make a square box　正方形の箱を作る

『5分間テストブック』を解いてみよう！ ➡ 別冊 p.50

# 形容詞⑤・副詞①

**0753**

## sweet
[swi:t] スウィート

形 甘(あま)い

▶ a sweet taste　甘い味

**0754**

## salty
[sɔ́:lti] ソールティ

形 塩辛(しおから)い，塩気のある

▶ taste a little salty　少し塩辛い味がする

**0755**

## formal
[fɔ́:rml] フォーマル

形 公式の，正式の

▶ a formal uniform
公式の制服

反対の意味の単語はinformal「非公式の」だよ。

**0756**

## suitable
[sú:təbl] スータブル

形 適した

▶ a suitable person for this position
この地位に適した人

**0757**

## responsible
[rispɑ́nsəbl] リスパンスィブル

形 責任がある

▶ feel responsible for the result
結果に責任を感じる

**0758**

## roast
[roust] ロウスト

形 焼いた，あぶった

動 ～を（オーブンで）焼く

▶ eat roast chicken　焼いたチキンを食べる

**0759**

## alone
[əlóun] アロウン

副 1人で，独力で

▶ travel alone　1人で旅行する

**0760**

## carefully
[kéərfəli] ケアフリィ

副 注意深く，気をつけて

▶ drive carefully　注意深く運転する

0761
## ahead
[əhéd] アヘッド

副 **前方に，** 前もって
▶ go straight ahead　まっすぐ前方に進む

0762
## upstairs
[ʌpstéərz] アプステアズ

副 **2階へ[で]，** 階上へ[で]
▶ live upstairs　2階で暮らす

反対の意味の単語は **downstairs**「階下へ」だよ。

0763
## loudly
[láudli] ラウドゥリィ

副 **大声で**
▶ cry very loudly　とても大声で泣く

0764
## anytime
[énitaim] エニタイム

副 **いつでも，** 常に
▶ Visit me anytime.　いつでも私を訪ねてね。

0765
## sometime
[sʌ́mtaim] サムタイム

副 **いつか，** あるとき
▶ go there sometime　いつかそこに行く

0766
## suddenly
[sʌ́dnli] サドゥンリィ

副 **突然**（とつぜん）
▶ leave the place suddenly　突然その場所を去る

0767
## clearly
[klíərli] クリアリィ

副 **はっきりと，** わかりやすく
▶ express his ideas clearly
彼（かれ）の考えをはっきりと述べる

0768
## rather
[rǽðər] ラザァ

副 **かなり，** むしろ
▶ You look rather pale.　かなり顔色が悪いよ。

『5分間テストブック』を解いてみよう！ ➡ 別冊 p.51

0769～0784

0769

**quite**

[kwait] クワイト

副 とても，かなり

▶ play the piano quite well
ピアノをとても上手に弾く

0770

**nearly**

[níərli] ニアリィ

副 ほとんど

▶ take nearly three weeks　ほとんど３週間かかる

0771

**sincerely**

[sinsíərli] スィンスィアリィ

副 心から

▶ sincerely apologize to her
心から彼女に謝る

Sincerely (yours),「敬具」は手紙やEメールの締めの言葉として使われるよ。

0772

**physically**

[fízikəli] フィズィカリィ

副 身体的に，物理的に

▶ make you physically strong
あなたを身体的に強くさせる

0773 発音

**perhaps**

[pərhǽps] パハップス

副 もしかすると

▶ Perhaps the story is true.
もしかするとその話は本当かもしれない。

0774

**abroad**

[əbrɔ́:d] アブロード

副 海外で[に]

▶ go abroad on business　仕事で海外に行く

0775

**exactly**

[igzǽktli] イグザクトゥリィ

副 正確に，まさに

▶ understand exactly what you say
あなたが言うことを正確に理解する

0776

**aside**

[əsáid] アサイド

副 わきへ[に]

▶ put the book aside　本をわきへ置く

0 500 1000 1220

■0777

**originally**

[ərídʒənəli] オリヂナリィ

副 **もともと，** 最初は

▶ originally come from Italy
もともとイタリアから来ている

■0778

**currently**

[kə́:rəntli] カーレントゥリィ

副 **現在のところ**

▶ currently live with my parents
現在のところ両親と一緒(いっしょ)に住んでいる

■0779

**immediately**

[imí:diətli] イミーディエトゥリィ

副 **直ちに**

▶ call you back immediately
直ちにあなたに電話をかけ直す

■0780

**heavily**

[hévili] ヘヴィリィ

副 **激しく，** 大量に

▶ rain heavily 激しく雨が降る

■0781

**deeply**

[dí:pli] ディープリィ

副 **深く，** 非常に

▶ bow deeply 深くおじぎする

■0782

**hardly**

[há:rdli] ハードゥリィ

副 **ほとんど～ない**

▶ hardly eat anything ほとんど何も食べない

■0783

**accidentally**

[æksidéntəli] アクスィデンタリィ

副 **うっかり，** 偶然(ぐうぜん)に

▶ accidentally break a cup うっかりカップを割る

■0784

**further**

[fə́:rðər] ファーザァ

副 **さらに，** もっと遠くに

形 さらなる，もっと遠い

▶ improve our service further 私たちのサービスをさらに改善する

よく出る単語 副詞

▶『5分間テストブック』を解いてみよう！ ➡ 別冊 p.52

# 副詞③・前置詞・接続詞・代名詞

0785～0800

0785
**mostly**
[móustli] モウストゥリィ

副 主として，大部分は
▶ a group of mostly young people
主として若者のグループ

0786
**especially**
[ispéʃəli] イスペシャリィ

副 特に
▶ I like fruit, especially oranges.
私は果物，特にオレンジが好きだ。

0787
**separately**
[sépərətli] セパレトゥリィ

副 別々に
▶ send the items separately　品物を別々に送る

0788
**eventually**
[ivéntʃuəli] イヴェンチュ(ア)リィ

副 ついに，結局(は)
▶ finish the job eventually　ついに仕事を終える

0789
**frankly**
[frǽŋkli] フランクリィ

副 率直(そっちょく)に
▶ speak frankly　率直に話す

0790
**moreover**
[mɔːróuvər] モーオウヴァ

副 さらに
▶ Moreover, she is friendly.
さらに，彼女(かのじょ)は親しみやすい。

0791
**except**
[iksépt] イクセプト

前 ～を除いて(は)，～のほかは
▶ get up early every day except Sunday
日曜日を除いて毎日早く起きる

0792
**against**
[əgénst] アゲンスト

前 ～に反対して，～に対抗(たいこう)して
▶ against the war
戦争に反対して

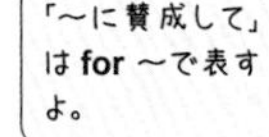

■0793
**behind**
[biháind] ビハインド

前 ～の後ろに
副 後ろに
▶ hide behind a tree　木の後ろに隠れる

■0794
**below**
[bilóu] ビロウ

前 ～より下に　副 下に
▶ get a score below average
平均より下の点数を取る

■0795
**above**
[əbʌ́v] アバヴ

前 ～の上に
▶ raise your hands above your head
頭の上に両手を上げる

■0796
**although**
[ɔːlðóu] オールゾウ

接 ～だけれども
▶ Although it was cold, I went out.
寒かったけれども，私は出かけた。

■0797
**unless**
[ʌnlés] アンレス

接 ～でない限り，～でなければ
▶ You'll miss the train unless you run.
あなたが走らない限り電車に乗り遅れるだろう。

■0798
**whatever**
[*h*wɑtévə*r*] (フ)ワトゥエヴァ

代 ～するものは何でも，何を～しても
▶ do whatever you like
あなたが好きなことは何でもする

■0799
**whoever**
[huːévə*r*] フーエヴァ

代 ～する人はだれでも，だれが～でも
▶ welcome whoever comes here
ここに来る人はだれでも歓迎する

■0800
**neither**
[níːðə*r*] ニーザァ

代 どちらも～ない
形 どちらの～も…ない　副 ～も…ない
▶ know neither of them　彼らのどちらも知らない

▷『5分間テストブック』を解いてみよう！　➡ 別冊 p.53

英検TIPS!

## どんな問題？　筆記試験

英検の一次試験は，筆記試験とリスニングテストの構成だよ。今回は筆記試験の大まかな流れを確認しよう。

熟語編

# とてもよく出る
# 熟語210

英検では熟語の問題もよく出るよ！
この章では英検で
何度も出てきた熟語を学習するよ！

とてもよく出る熟語

# 51 動詞の働きをする熟語①

■0801

## help ～ to *do*

～が…するのを助ける

▶ I **help** her **to clean** the room.
私は彼女が部屋を掃除するのを助ける。

to を省略して，help ～ *do* の形で使うこともあるよ。

■0802

## take care of ～

～の世話をする

▶ I will **take care of** the cat.
私はそのネコの世話をするつもりだ。

■0803

## look after ～

～の世話をする

▶ I sometimes **look after** my little sister.
私はときどき妹の世話をする。

■0804

## used to *do*

以前は～だった，
以前は（よく）～した

▶ They **used to live** in the town.
彼らは以前はその町に住んでいた。

■0805

## pay for ～

～の費用を払う

▶ I **paid for** the concert tickets online.
私はオンラインでコンサートのチケットの費用を払った。

■0806

## find out ～

～を見つけ出す

▶ I **found out** where the safe key was.
私は金庫のかぎがどこにあるのかを見つけ出した。

■0807

## be worried about ～

～を心配する

▶ You don't have to **be worried about** the problem.
あなたはその問題を心配する必要はありません。

0　500　1000　1220

0808

## help ～ with ...

～の…を手伝う

▶ I **helped** you **with** your homework.
私はあなたの宿題を手伝った。

0809

## put on ～

～を着る，～を（身に）着ける

▶ He **put on** his jacket and went out.
彼は上着を着て，出かけた。

「帽子をかぶる」や「くつをはく」なども **put on** ～で表すよ。

0810

## come out

（花が）咲く，
（太陽・月などが）出る

▶ Those flowers will **come out** soon.
あれらの花はまもなく咲くだろう。

0811

## come up with ～

～を思いつく

▶ We **came up with** a good idea.
私たちはいい考えを思いついた。

0812

## graduate from ～

～を卒業する

▶ I'm going to **graduate from** university next year.
私は来年，大学を卒業する予定だ。

0813

## keep on *doing*

～し続ける

▶ It **kept on raining** for several hours.
数時間雨が降り続いた。

0814

## look up ～

～を調べる

▶ I **looked up** the word on the Internet.
私はインターネットでその言葉を調べた。

『5分間テストブック』を解いてみよう！　➡ 別冊 p.54

とてもよく出る熟語　動詞の働きをする熟語

# 動詞の働きをする熟語②

■0815

**make a mistake**

間違(まちが)える

▶ Please be careful not to **make a mistake**.
間違えないように気をつけてください。

■0816

**make a reservation**

予約する

電話やEメールの文でよく出るよ！

▶ I'd like to **make a reservation** for a hotel room.
ホテルの部屋を予約したいのですが。

■0817

**take part in ～**

～に参加する

▶ I decided to **take part in** a volunteer activity.
私はボランティア活動に参加することに決めた。

■0818

**ask for ～**

～を求める

▶ Bob doesn't like to **ask for** help from others.
ボブは他人に助けを求めるのが好きではない。

■0819

**be sure to *do***

必ず～する

▶ Please **be sure to lock** the door.
ドアに必ずかぎをかけてください。

■0820

**do well**

うまくいく，成功する

▶ Did you **do well** on the exam?
あなたはテストでうまくいきましたか。

■0821

**fall asleep**

寝入(ねい)る

▶ I **fell asleep** while I was watching a movie.
私は映画を見ている間に寝入った。

■0822

## take a break

休憩(きゅうけい)する

▶ Why don't we **take a break**?
休憩しましょうか。

■0823

## fill out ～

～に記入する，～に書(か)き込(こ)む

▶ I don't know how to **fill out** the application form.
私は申し込み用紙に記入する方法がわからない。

■0824

## hear from ～

～から連絡(れんらく)を受ける，
～から便りをもらう

▶ I'm happy to **hear from** him.
私は彼(かれ)から連絡を受けてうれしい。

■0825

## set up ～

～(組織など)を設立する

▶ We'll **set up** a new company.
私たちは新しい会社を設立するつもりだ。

■0826

## take place

行われる，起こる

▶ The concert is going to **take place** this spring.
コンサートは今年の春に行われる予定だ。

■0827

## work for ～

～で働く

▶ She **works for** a design company.
彼女(かのじょ)はデザイン会社で働いている。

■0828

## apply for ～

～に応募(おうぼ)する

▶ The student **applied for** a summer job.
その生徒は夏の仕事に応募した。

『5分間テストブック』を解いてみよう！ ➡ 別冊 p.55

# 動詞の働きをする熟語③

■0829

## get married to ～

～と結婚(けっこん)する

▶ He is going to **get married to** her soon.
彼(かれ)はまもなく彼女(かのじょ)と結婚する予定だ。

■0830

## grow up to be ～

成長して～になる

▶ She **grew up to be** a famous musician.
彼女は成長して有名な音楽家になった。

■0831

## have trouble *doing*

～するのに苦労する

▶ We **had trouble finding** a parking lot.
私たちは駐車場(ちゅうしゃじょう)を見つけるのに苦労した。

■0832

## participate in ～

～に参加する

▶ Who can **participate in** the speech contest?
だれがスピーチコンテストに参加することができますか。

■0833

## prefer ～ to ...

…より～を好む

▶ I **prefer** watching soccer **to** playing it.
私はサッカーをすることより見ることを好む。

■0834

## put down ～

～を書き留める,
～を下に置く

▶ I need to **put down** your address.
私はあなたの住所を書き留める必要がある。

■0835

## be based on ～

～に基(もと)づいている

▶ The film **is based on** a true story.
その映画は実話に基づいている。

■0836

## be made from ～

～で作られている

▶ Cheese **is made from** milk.
チーズは牛乳で作られている。

■0837

## be different from ～

～と異なっている

▶ His opinion **is different from** yours.
彼の意見はあなたのと異なっている。

■0838

## be similar to ～

～と似ている

▶ Her coat **is similar to** mine.
彼女のコートは私のものと似ている。

■0839

## break down

故障する

▶ My bike **broke down** again.
私の自転車はまた故障した。

■0840

## catch up with ～

～に追いつく

▶ He worked hard to **catch up with** his teammates.
彼はチームメートに追いつくために一生懸命(いっしょうけんめい)に取り組んだ。

■0841

## check in

チェックインする

▶ Guests must **check in** at the hotel before dinner.
客は夕食前にホテルでチェックインしなければならない。

**check out** は「チェックアウトする」という意味だよ。

■0842

## come across ～

～をふと見つける，～に偶然(ぐうぜん)出会う

▶ I **came across** a small bookstore in the town.
私はその町で小さい書店をふと見つけた。

『5分間テストブック』を解いてみよう！ ➔ 別冊 p.56

0843

## drop by

立ち寄る

▶ I'll **drop by** at your office this afternoon.
私は今日の午後，あなたの事務所に立ち寄るつもりです。

0844

## dress up

正装する

▶ She **dressed up** for the opening ceremony.
彼女(かのじょ)は開会式のために正装した。

0845

## get ready for ～

～の準備をする

▶ Mike is **getting ready for** the final exam.
マイクは期末試験の準備をしている。

0846

## go ahead

先に行く

▶ Let's **go ahead** and clean the classroom.
先に行って教室を掃除(そうじ)しましょう。

0847

## had better *do*

～したほうがよい

▶ You **had better take** your umbrella with you.
あなたは傘(かさ)を持っていったほうがよい。

**better** のあとは動詞の原形を置くことに注意しよう。

0848

## hand in ～

～を提出する

▶ We need to **hand in** the assignment by next week.
私たちは来週までに課題を提出する必要がある。

0849

## happen to *do*

たまたま～する

▶ I **happened to see** him at the station.
私はたまたま駅で彼(かれ)に会った。

0850

## pass by ～

～のそばを通る

▶ I **pass by** the city library on my way home.
私は帰り道に市立図書館のそばを通る。

0851

## point out ～

～を指摘(してき)する

▶ The teacher **pointed out** the mistakes in the report.
先生はレポートの間違(まちが)いを指摘した。

0852

## put off ～

～を延期する

▶ They decided to **put off** the event until next Sunday.
彼らは来週の日曜日までそのイベントを延期することに決めた。

0853

## search ～ for ...

…を求めて～(場所など)を探す

▶ Did you **search** the town **for** the post office?
あなたは郵便局を求めて町を探しましたか。

0854

## stand out

目立つ

▶ He doesn't like to **stand out** so much.
彼は目立つことがあまり好きではない。

0855

## take off ～

～を脱(ぬ)ぐ，～をとる

▶ Please **take off** your shoes here.
ここでくつを脱いでください。

**take your shoes off** のように **take ～ off** の形でも使うよ。

0856

## take over ～

～を引(ひ)き継(つ)ぐ

▶ I will **take over** his job immediately.
私はすぐに彼の仕事を引き継ぐつもりだ。

『5分間テストブック』を解いてみよう！ ➡ 別冊 p.57

とてもよく出る熟語

# 動詞の働きをする熟語⑤

0857

## throw away ～

～を捨てる

▶ I have to **throw away** my old clothes.
私は古い服を捨てなければならない。

0858

## translate ～ into ...

～を…に翻訳する

▶ Can you **translate** this sentence **into** Japanese?
この文を日本語に翻訳することができますか。

0859

## be about to *do*

まさに～するところである

▶ I **was about to take** a shower.
私はまさにシャワーを浴びようとしていた。

**be going to *do*** よりも近い未来を表すよ。

0860

## be in the hospital

入院している

▶ My father **is in the hospital** now.
私の父は今，入院している。

0861

## be in trouble

困っている

▶ When I **was in trouble**, she helped me.
私が困っていたとき，彼女は私を助けてくれた。

0862

## be popular with ～

～に人気がある

▶ The American singer **is popular with** young people.
そのアメリカ人の歌手は若者に人気がある。

0863

## be responsible for ～

～に対して責任がある

▶ All the members **are responsible for** the project.
全メンバーはそのプロジェクトに対して責任がある。

0　　500　　1000　1220

■0864
## make up *one's* mind to *do*
～することに決める

▶ She **made up her mind to study** abroad.
彼女は海外で勉強することに決めた。

■0865
## change *one's* mind
考えを変える，気が変わる

▶ What made you **change your mind**?
何があなたの考えを変えさせたのですか。

■0866
## cheer ～ up
～を元気づける

▶ Thank you for **cheering** me **up**.
私を元気づけてくれてありがとう。

■0867
## compare ～ with ...
～を…と比べる

▶ Don't **compare** yourself **with** other people.
自分をほかの人と比べてはいけません。

■0868
## depend on ～
～次第(しだい)である

▶ Your future **depends on** your decisions.
あなたの未来はあなたの決断次第である。

■0869
## exchange ～ for ...
～を…と両替(りょうがえ)する，
～を…と交換(こうかん)する

▶ Can I **exchange** yen **for** dollars?
円をドルと両替することはできますか。

■0870
## get on ～
～に乗る

「～(乗り物)から降りる」は get off ～だよ。

▶ I'm going to **get on** a plane tomorrow.
明日，飛行機に乗る予定です。

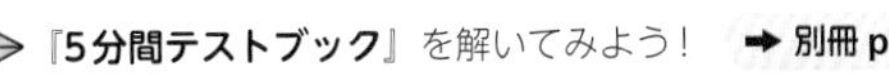
『5分間テストブック』を解いてみよう！ ➡ 別冊 p.58

# 動詞の働きをする熟語⑥

0871

## get out of ～

～(車など)を降りる，
～から出る

▶ Let's **get out of** the car here.
ここで車を降りましょう。

「～(車など)に乗る」は **get in** ～だよ。

0872

## get over ～

～から回復する，
～を克服(こくふく)する

▶ Did you **get over** your cold?
あなたは風邪(かぜ)から回復しましたか。

0873

## get rid of ～

～を取り除く

▶ This book will help you to **get rid of** your anxiety.
この本はあなたの不安を取り除くのに役立つだろう。

0874

## suffer from ～

～に苦しむ，
～(病気)にかかる

▶ Meg often **suffers from** headaches.
メグはよく頭痛に苦しんでいる。

0875

## hope for ～

～を願う

▶ We **hope for** world peace.
私たちは世界平和を願う。

0876

## keep *one's* promise

約束を守る

▶ You must **keep your promise**.
あなたは約束を守らなければなりません。

0877

## keep up with ～

～に遅(おく)れないでついていく

▶ I always try to **keep up with** the latest trends.
私はいつも最新の動向に遅れないでついていこうとしている。

0 500 1000 1220

■0878

## look over ～

～に目を通す，～を調べる

▶ Could you **look over** these documents?
これらの文書に目を通していただけますか。

■0879

## make efforts

努力する

▶ You should **make efforts** to achieve your goal.
あなたは目標を達成するために努力するべきだ。

■0880

## make friends with ～

～と友達に[親しく]なる

▶ I **made friends with** Bill at the party.
私はパーティーでビルと友達になった。

friends と複数形になることに注意しよう。

■0881

## make sure that ～

必ず～するようにする

▶ Please **make sure that** you'll be there on time.
必ず時間通りにそこにいるようにしてください。

■0882

## see (to it) that ～

必ず～するように気をつける[手配する]

▶ Please **see to it that** the door is locked.
必ずドアにかぎがかかっているように気をつけてください。

■0883

## name ～ after ...

…にちなんで～を名づける

▶ I **named** my son **after** my grandfather.
私は祖父にちなんで息子(むすこ)を名づけた。

■0884

## shake hands with ～

～と握手(あくしゅ)する

▶ I **shook hands with** the guest.
私はその客と握手した。

『5分間テストブック』を解いてみよう！ ➡ 別冊 p.59

# 57 とてもよく出る熟語 動詞の働きをする熟語⑦

■0885

## provide ～ with ...

～に…を提供[供給]する

〈**provide** ＋物＋**for**[**to**]＋人〉も同じ意味を表すよ。

▶ We **provide** you **with** basic information about the product.
私たちはあなたにその製品についての基本的な情報を提供する。

■0886

## put away ～

～を片付ける

▶ She **put away** the dishes after breakfast.
彼女は朝食後に皿を片付けた。

■0887

## put out ～

～(明かりなど)を消す

▶ I forgot to **put out** the lights.
私は明かりを消すのを忘れた。

■0888

## rely on ～

～を頼る，～を信頼する

▶ You always **rely on** other people.
あなたはいつも他人を頼っている。

■0889

## run after ～

～を追いかける

▶ The man **ran after** his dog immediately.
男性はすぐに自分のイヌを追いかけた。

■0890

## run out of ～

～がなくなる，～を使い果たす

▶ They are **running out of** time.
彼らは時間がなくなってきている。

■0891

## see if ～

～かどうか確かめる

▶ I'll **see if** I'm available next Friday.
今度の金曜日，空いているかどうか確かめてみます。

■0892

## show off ～

～を見せびらかす

▶ Peter **showed off** his knowledge.
ピーターは自分の知識をひけらかした。

■0893

## stay away from ～

～に近づかないでいる，
～を控(ひか)える

▶ You should **stay away from** the area.
あなたはその地域に近づかないほうがいい。

■0894

## take ～ for ...

～を…と間違(まちが)える，
～を…だと思(おも)い込(こ)む

▶ I **took** him **for** my friend's brother.
私は彼を友達の兄と間違えた。

■0895

## take a look at ～

～をちょっと見る

▶ Can I **take a look at** your ticket?
あなたのチケットをちょっと見せてもらえますか。

■0896

## take a seat

座る

対話やリスニングなどで出ることが多いよ。

▶ Please **take a seat** over there.
あそこに座ってください。

■0897

## walk around ～

～を歩き回る

▶ Let's **walk around** the island first.
まず島を歩いて回りましょう。

■0898

## would like ～ to *do*

～に…してもらいたい

▶ I **would like** him **to check** my essay.
私は彼に私の小論文を確認(かくにん)してもらいたい。

『5分間テストブック』を解いてみよう！ ➜ 別冊 p.60

# 動詞の働きをする熟語 ⑧

0899

**be against ～** ～に反対である

▶ We **are against** the proposal.
私たちはその提案に反対だ。

「～に賛成である」は **be for** ～だよ。

0900

**be aware of ～** ～に気づいている

▶ I **was aware of** the problem at that time.
私はそのとき，その問題に気づいていた。

0901

**be bad at ～** ～が下手である

▶ She **is bad at** swimming.
彼女は水泳が下手である。

0902

**be expected to *do*** ～すると予想される，～すると期待される

▶ The baggage **is expected to arrive** tomorrow.
その荷物は明日到着すると予想される。

0903

**be unable to *do*** ～することができない

▶ He **is unable to pick** you up at the airport.
彼は空港にあなたを迎えに行くことができない。

0904

**be impressed with ～** ～に感銘を受ける

▶ I **was impressed with** the beautiful scenery.
私は美しい景色に感銘を受けた。

0905

**be in danger** 危険にさらされている

▶ Many animals **are in danger** of extinction today.
今日，多くの動物が絶滅の危険にさらされている。

0906

## be independent of ～

～から独立している

▶ Tom wants to **be independent of** his parents.
トムは両親から独立したいと思っている。

0907

## be involved in ～

～に関わっている，
～に関係している

▶ Why **are** you **involved in** this new project?
なぜあなたはこの新しい事業に関わっているのですか。

0908

## be related to ～

～に関係がある

▶ Who **is related to** this matter?
だれがこの件に関係がありますか。

0909

## be proud of ～

～を誇(ほこ)りに思う

▶ We **are proud of** traditional Japanese culture.
私たちは伝統的な日本の文化を誇りに思っている。

0910

## be satisfied with ～

～に満足している

▶ He **is satisfied with** his current salary.
彼は現在の給料に満足している。

0911

## be sure of ～

～を確信している

▶ We **are sure of** winning the match.
私たちはその試合に勝つことを確信している。

**be sure to *do***「必ず～する」との違(ちが)いに注意しよう。

0912

## be tired of ～

～に飽(あ)きている

▶ I **am tired of** running in the park.
私は公園を走ることに飽きている。

『**5分間テストブック**』を解いてみよう！ ➔ **別冊 p.61**

# 59 とてもよく出る熟語 動詞の働きをする熟語⑨

0913

## bring up 〜

〜を育てる

▶ She wants to **bring up** her daughter to be polite.
彼女は礼儀正しくなるように娘を育てたいと思っている。

0914

## carry out 〜

〜を実行する

▶ They **carried out** a survey on the property.
彼らは資産についての調査を実行した。

0915

## check out

チェックアウトする

▶ What time should we **check out**?
私たちは何時にチェックアウトするべきですか。

0916

## come down

降りてくる，下がる

▶ I heard someone **come down** to the first floor.
だれかが１階に降りてくるのが聞こえた。

0917

## come true

実現する

主語には **dream**「夢」などがくることが多いよ。

▶ I hope that your dream will **come true**.
私はあなたの夢が実現することを願っている。

0918

## eat out

外食する

▶ Shall we **eat out** this evening?
今晩外食しましょうか。

0919

## fill up 〜

〜をいっぱいにする，
〜を満たす

▶ How long does it take to **fill up** this pool?
このプールをいっぱいにするのにどのくらいかかりますか。

0920

## make it

(時間に)間に合う，うまくいく

▶ I think I can **make it** to the lecture.
私は講義に間に合うと思う。

0921

## get along with ～

～とうまくやっていく

▶ It's easy for Lisa to **get along with** everybody.
リサにとってみんなとうまくやっていくことは簡単だ。

0922

## go wrong

故障する，うまくいかない

▶ Something has **gone wrong** with the machine.
その機械は何かが故障した。

「うまくいく」は **go well** だよ。

0923

## go through ～

～(困難など)を経験する，
～を通(とお)り抜(ぬ)ける

▶ I **went through** a really hard time in my life.
私は人生でとてもつらい時を経験した。

0924

## have fun

楽しむ

▶ We **had fun** at the Christmas party last night.
私たちは昨夜，クリスマスパーティーで楽しんだ。

0925

## head for ～

～へ向かう

▶ There were many people **heading for** their hometowns.
故郷へ向かっている多くの人々がいた。

0926

## lead ～ to ...

～を…に導く

▶ This street **leads** you **to** the post office.
この道はあなたを郵便局に導く。

例文は無生物主語の文で，「この道を行けば郵便局に着く」という意味だよ。

『5分間テストブック』を解いてみよう！ ➡ 別冊 p.62

# 動詞の働きをする熟語⑩

0927

## leave ～ behind

～を置いていく

▶ Don't **leave** your umbrella **behind**.
傘(かさ)を置いていかないようにしなさい。

0928

## look up to ～

～を尊敬する

▶ Who do you **look up to**?
あなたはだれを尊敬していますか。

「～を見下す」は **look down on ～** だよ。

0929

## make a difference

違(ちが)いをもたらす，重要である

▶ Regular exercise **makes a difference** in your health.
定期的な運動はあなたの健康に違いをもたらす。

0930

## make a noise

騒(さわ)ぐ，音を立てる

▶ You must not **make a noise** in the library.
図書館で騒いではいけません。

0931

## make a speech

演説[スピーチ]をする

▶ I was asked to **make a speech** at the conference.
私は会議で演説をするように頼(たの)まれた。

0932

## make an appointment with ～

～と会う約束をする，～の予約をする

▶ I **made an appointment with** her today.
私は今日，彼女(かのじょ)と会う約束をした。

0933

## make *oneself* at home

くつろぐ

▶ Please **make yourself at home**.
くつろいでください。

■0934

## make sense

意味が通じる

▶ Your question doesn't **make sense**.
あなたの質問は意味が通じない。

■0935

## make up for ～

～の埋め合わせをする

▶ Meg will **make up for** her mistake.
メグは自分のミスの埋め合わせをするだろう。

■0936

## mean to *do*

～するつもりである

▶ I didn't **mean to hurt** your feelings.
私はあなたの気持ちを傷つけるつもりではなかった。

■0937

## result from ～

～の結果として起こる

▶ What can **result from** a lack of sleep?
睡眠不足の結果として何が起こり得ますか。

**from** のあとには原因を表す語句がくるよ。

■0938

## pay attention to ～

～に注意する

▶ Please **pay attention to** what I'm going to say.
私がこれから言うことに注意してください。

■0939

## prevent ～ from *doing*

～が…するのを妨げる

▶ The heavy snow **prevented** him **from going** to school.
大雪が彼が学校に行くのを妨げた。

■0940

## reach out for ～

～を取ろうと手を伸ばす

▶ The customer **reached out for** the salt.
その客は塩を取ろうと手を伸ばした。

『5分間テストブック』を解いてみよう！ ➡ 別冊 p.63

61 とてもよく出る熟語

# その他の熟語①

■0941

**because of ～** ～の理由で

▶ He was late **because of** the accident.
事故のせいで，彼は遅れた。

■0942

**as a result of ～** ～の結果として

▶ There were floods **as a result of** the heavy rain.
豪雨の結果として洪水が起こった。

■0943

**in fact** 実際は

▶ **In fact**, you are right.
実際は，あなたは正しい。

■0944

**such as ～** ～のような

具体例を挙げるときに使われるよ。

▶ Meg likes fruits, **such as** oranges and apples.
メグはオレンジやリンゴのようなフルーツが好きだ。

■0945

**on time** 時間通りに

▶ The train didn't arrive at the station **on time**.
電車は時間通りに駅に着かなかった。

■0946

**right away** 直ちに

▶ You should go home **right away**.
あなたは直ちに帰宅するべきだ。

■0947

**so ～ that ...** とても～なので…

▶ The car is **so** expensive **that** I can't buy it.
その車はとても高いので私はそれを買えない。

0 500 1000 1220

■0948
**instead of ～**
～の代わりに，～しないで
▶ He will attend the meeting **instead of** me.
彼は私の代わりに会議に出席するだろう。

■0949
**each other**
お互い（たが）
▶ Let's get to know **each other**.
お互い知り合いになりましょう。

■0950
**for instance**
例えば
▶ Where do you want to travel, **for instance**?
例えば，あなたはどこに旅行したいですか。

■0951
**in the end**
最後には，結局
▶ We solved the problem **in the end**.
私たちは最後にはその問題を解決した。

■0952
**in the past**
昔は，これまでに
▶ My father was a baseball player **in the past**.
私の父は昔は野球選手だった。

■0953
**the same ～ as ...**
…と同じ～
▶ Does he go to **the same** school **as** you?
彼はあなたと同じ学校へ通っていますか。

■0954
**a number of ～**
たくさんの～，いくつかの～
▶ There were **a number of** people in the museum.
博物館にはたくさんの人がいた。

ofのあとには複数を表す語句がくるよ。

『5分間テストブック』を解いてみよう！ ➡ 別冊 p.64

# その他の熟語②

0955

## a variety of ～

さまざまな～

▶ You can choose one from **a variety of** books on the shelf.
棚(たな)のさまざまな本から1冊を選ぶことができる。

0956

## plenty of ～

たくさんの～

▶ We have **plenty of** time today.
私たちは今日，たくさんの時間がある。

0957

## according to ～

～によると

▶ **According to** the radio, it will snow tonight.
ラジオによると，今夜雪が降るだろう。

0958

## ～ as well

～もまた

通常，文末に置かれるよ。

▶ I think she'll come to the event **as well**.
彼女(かのじょ)もまたイベントに来ると思う。

0959

## in order to *do*

～するために

▶ He ran fast **in order to catch** the train.
彼(かれ)は電車に間に合うように速く走った。

0960

## in that case

その場合には

▶ **In that case**, you should go to bed early.
その場合には，あなたは早く寝(ね)たほうがいい。

0961

## in time for ～

～に間に合って

▶ My father came home **in time for** dinner.
父は夕食に間に合って帰宅した。

0 500 1000 1220

■0962

## a couple of ～

2，3の～，2つの～

▶ I'm going to stay here for **a couple of** days.

私はここに2，3日間滞在（たいざい）する予定だ。

■0963

## for free

無料で

▶ They offer samples **for free**.

彼らは無料でサンプルを提供する。

■0964

## for fun

楽しみのために，遊びで

▶ What do you do **for fun**?

あなたは楽しみで何をしますか。

■0965

## in addition to ～

～に加えて

to のあとには名詞がくることに注意しよう。

▶ Ken speaks Spanish **in addition to** English.

ケンは英語に加えてスペイン語も話す。

■0966

## all the time

いつでも，その間ずっと

▶ My sister looks happy **all the time**.

私の妹はいつでも幸せそうだ。

■0967

## all (the) year round

一年中

▶ The art museum is open **all year round**.

その美術館は一年中開館している。

■0968

## along with ～

～と一緒（いっしょ）に

▶ Why not come **along with** me?

私と一緒に来ませんか。

『5分間テストブック』を解いてみよう！ ➜ 別冊 p.65

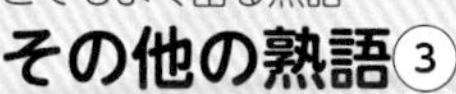


# その他の熟語③

0969

## together with ～

～と一緒(いっしょ)に，～に加えて

▶ I want to be happy **together with** you.
私はあなたと一緒に幸せになりたい。

0970

## as ～ as possible

できるだけ～

▶ Please call me **as** soon **as possible**.
できるだけ早く電話をください。

0971

## by the time ～

～するときまでに(は)

▶ You have to come home **by the time** it gets dark.
暗くなるときまでにあなたは家に帰らなければならない。

0972

## either ～ or ...

～か…のどちらか

▶ **Either** she **or** I am wrong.
彼女(かのじょ)か私のどちらかが間違(まちが)っている。

0973

## even if ～

たとえ～でも

▶ **Even if** it rains, I'll go to the party tonight.
たとえ雨が降っても，私は今夜パーティーに行くつもりだ。

**even though ～** も同じ意味で使われるよ。

0974

## in particular

特に

▶ **In particular**, she is interested in chemistry.
特に，彼女は化学に興味がある。

0975

## in return for ～

～のお返しに

▶ I gave Emma a present **in return for** her help.
手伝いのお返しに私はエマにプレゼントをあげた。

0　500　1000　1220

0976

## no longer ～

もはや～でない

▶ Mr. Smith **no longer** works for this company.
スミスさんはもはやこの会社に勤めていない。

0977

## on (the) average

平均して

▶ **On average**, he reads three books a month.
平均して，彼は１か月に３冊の本を読む。

0978

## with luck

運がよければ

▶ **With luck**, you'll be able to see dolphins.
運がよければ，イルカを見ることができるだろう。

0979

## ～ as well as ...

…だけでなく～も

▶ We visited Boston **as well as** New York.
私たちはニューヨークだけでなくボストンも訪れた。

0980

## and so on

など

具体例を2つ以上並べた最後につけることが多いよ。

▶ She needs to buy oranges, apples, **and so on**.
彼女はオレンジやリンゴなどを買う必要がある。

0981

## as if ～

まるで～(である)かのように

▶ John talks **as if** he knew everything.
ジョンはまるで何でも知っているかのように話す。

0982

## across from ～

～の真向かいに，
～の向こう側に

▶ The post office is **across from** the convenience store.
郵便局はコンビニエンスストアの真向かいにある。

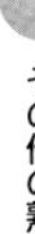


『5分間テストブック』を解いてみよう！　➡ 別冊 p.66

# 64 とてもよく出る熟語

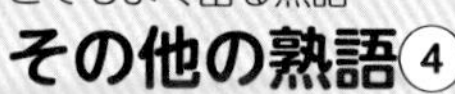

## その他の熟語④

0983～0996

0983

### at the beginning of ～

～の初めに

▶ The man decided to lose weight **at the beginning of** this year.
その男性は今年の初めに体重を減らすことに決めた。

0984

### before long

まもなく

▶ The rainy season will start **before long**.
梅雨がまもなく始まる。

0985

### by chance

偶然に

▶ Mary and I stayed at the same hotel **by chance**.
メアリーと私は偶然に同じホテルに滞在した。

0986

### by heart

暗記して

▶ I know my sister's phone number **by heart**.
私は姉の電話番号を暗記している。

0987

### by mistake

間違って

▶ I took the wrong train **by mistake**.
私は間違って違う電車に乗った。

0988

### by the end of ～

～の終わりまでには

▶ The cherry blossoms will be in full bloom **by the end of** March.
桜は3月の終わりまでには満開になるだろう。

0989

### due to ～

～が原因で

▶ The tour was canceled **due to** the rain.
雨が原因でそのツアーは中止になった。

0 500 1000 1220

■0990

## after a while

しばらくして

a while で「しばらくの間」という意味だよ。

▶ **After a while**, they began to talk again.
しばらくして，彼(かれ)らはまた話し始めた。

■0991

## for a while

しばらくの間

▶ Why don't you take a rest **for a while**?
しばらくの間休息したらどうですか。

■0992

## in a hurry

急いで

▶ Why are you **in a hurry** now?
あなたはなぜ今，急いでいるのですか。

■0993

## in line

並んで，整列して

▶ They have been waiting **in line** for a long time.
彼らは長い間並んで待っている。

■0994

## by nature

生まれつき

▶ Jane is very honest **by nature**.
ジェーンは生まれつきとても正直だ。

■0995

## on *one's* own

1人で，自身の力で

▶ I have been living **on my own** since April.
私は4月から1人で住んでいる。

■0996

## on earth

（疑問詞を強めて）いったい全体

▶ What **on earth** are you doing?
いったい全体あなたは何をしているのですか。

『5分間テストブック』を解いてみよう！ ➜ 別冊 p.67

# 65 とてもよく出る熟語 その他の熟語⑤

■0997

## on foot

徒歩で

▶ Bob goes to school **on foot** every day.
ボブは毎日徒歩で学校に行く。

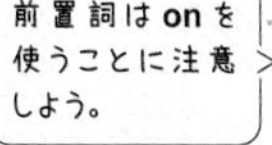

■0998

## on purpose

わざと

▶ The boy broke the vase **on purpose**.
その少年はわざと花びんを割った。

■0999

## on sale

売り出し中で

▶ When will the item be **on sale**?
その商品はいつ売り出されますか。

■1000

## so far

今までのところ

▶ I haven't bought anything **so far**.
私は今までのところ何も買っていない。

■1001

## so that *one* can *do*

～が…できるように

▶ She studies hard **so that she can pass** the exam.
彼女は試験に合格できるように一生懸命に勉強する。

■1002

## thanks to ～

～のおかげで

▶ **Thanks to** your help, I finished my work early.
あなたの助けのおかげで，私は早く仕事を終えた。

■1003

## the first time ～

初めて～する[した]とき

▶ **The first time** I visited Paris, I stayed at this hotel.
私は初めてパリを訪れたとき，このホテルに泊まった。

■1004
## the way ～
～のやり方

▶ I'm worried about **the way** she works.
私は彼女の仕事のやり方を心配している。

■1005
## a bunch of ～
一束の～，一房(ひとふさ)の～

▶ He gave her **a bunch of** flowers.
彼(かれ)は彼女に一束の花をあげた。

■1006
## after all
結局(は)

▶ I failed my driving test **after all**.
私は結局，運転免許(うんてんめんきょ)の試験に落ちた。

■1007
## in the long run
長い目で見れば，結局は

▶ The company will succeed **in the long run**.
長い目で見れば，その会社は成功するだろう。

■1008
## against *one's* will
～の意志に反して

▶ My boss signed a contract **against his will**.
私の上司は彼の意志に反して契約書(けいやくしょ)に署名した。

このwillは「意志」という意味を表す名詞だよ。

■1009
## ahead of ～
～より先に，～の前に

▶ They arrived **ahead of** time.
彼らは時間より早く着いた。

■1010
## as long as ～
～する限り

▶ I will help you **as long as** you need.
あなたが必要とする限り，私はあなたを助けるつもりだ。

『5分間テストブック』を解いてみよう！ ➡ 別冊 p.68

英検TIPS!

## どんな問題？　リスニング

英検の一次試験のリスニングテストの大まかな流れを確認しよう。

熟語編

# よく出る 熟語210

この章では英検で
複数回出てきた熟語を学習するよ！
しっかりおぼえて，他の人と差をつけよう！

# 動詞の働きをする熟語①

1011

## end up with ～

(結果的に)～で終わる

▶ The project **ended up with** the bad result.
そのプロジェクトは悪い結果で終わった。

1012

## result in ～

結局～に終わる

▶ Our efforts will **result in** great success.
私たちの努力は結局大成功に終わるだろう。

1013

## start with ～

～で始まる

begin with ～も「～で始まる」という意味だよ。

▶ The festival is going to **start with** fireworks.
その祭りは花火で始まる予定だ。

1014

## see ～ off

～を見送る

▶ I went to Tokyo Station to **see** him **off**.
私は彼（かれ）を見送るために東京駅に行った。

1015

## separate ～ from ...

～を…と分ける

▶ We need to **separate** plastic waste **from** other waste.
私たちはプラスチックごみをほかのごみと分ける必要がある。

1016

## show up

現れる，やって来る

▶ He didn't **show up** at the event yesterday.
彼は昨日，イベントに現れなかった。

1017

## stand by ～

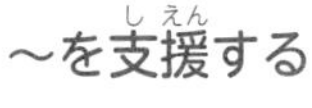

～を支援（しえん）する

▶ I'll always **stand by** her.
私はいつも彼女（かのじょ）を支援するつもりだ。

0 500 1000 1220

1018

## stand for ～

～を意味する

mean「～を意味する」とほぼ同じ意味だよ。

▶ What does the word **stand for**?
その言葉は何を意味しますか。

1019

## stay in bed

寝(ね)ている

▶ I should have **stayed in bed** for a few days.
私は数日間寝ているべきだった。

1020

## succeed in ～

～に成功する

▶ We hope that you will **succeed in** developing a new technology.
私たちはあなたが新しい技術の開発に成功することを願っている。

1021

## turn out to be ～

～であることがわかる

▶ The rumor **turned out to be** true.
そのうわさは真実であることがわかった。

1022

## watch out for ～

～に気をつける

▶ Please **watch out for** the steps.
階段に気をつけてください。

1023

## work on ～

～に取り組む

▶ What kind of research are you **working on** now?
あなたは今，どのような研究に取り組んでいますか。

1024

## add ～ to ...

～を…に加える

▶ Sarah **added** milk **to** her coffee.
サラはミルクをコーヒーに加えた。

▷『5分間テストブック』を解いてみよう！ ➡ 別冊 p.69

# 動詞の働きをする熟語②

1025

## be likely to *do*

たぶん～するだろう

▶ It **is likely to rain** tomorrow.
たぶん明日は雨が降るだろう。

1026

## be supposed to *do*

～することになっている，
～するはずだと思われている

▶ You **are supposed to submit** a report next week.
あなたは来週，レポートを提出することになっています。

会話文でよく使われるよ。

1027

## be on a diet

ダイエットしている

▶ Why **are** you **on a diet**?
なぜあなたはダイエットしているのですか。

1028

## be short of ～

～が不足している

▶ We **are short of** food and water.
私たちには食べ物と水が不足している。

1029

## do the laundry

洗濯（せんたく）をする

▶ My father is **doing the laundry** now.
私の父は今，洗濯をしている。

1030

## fall down

転ぶ，落ちる

▶ I **fell down** and hurt my knee last Sunday.
私はこの前の日曜日，転んで膝（ひざ）を痛めた。

1031

## focus on ～

～に焦点（しょうてん）を合わせる，
～に注意を集中する

▶ I'll **focus on** improving my health.
私は健康状態を改善することに焦点を合わせるつもりだ。

1032

## go over ～

～を見直す，～を詳細に調べる

▶ Let's **go over** this document together.
一緒にこの文書を見直しましょう。

1033

## look into ～

～を調べる，
～の中をのぞき込む

▶ The police **looked into** the cause of the fire.
警察は火事の原因を調べた。

1034

## hang up

電話を切る

▶ Why did you **hang up** on me last night?
あなたはなぜ昨夜，私との電話を切ったのですか。

1035

## hold on

ちょっと待つ，
電話を切らないでおく

**Hold on!** で「がんばって」という表現にもなるよ。

▶ Please **hold on** a second.
少しお待ちください。

1036

## have a sore throat

のどが痛む

▶ I've **had a sore throat** since yesterday.
私は昨日からのどが痛む。

1037

## have access to ～

～が利用できる，
～を利用する権利がある

▶ Guests **have access to** the Internet.
客はインターネットが利用できる。

1038

## keep away from ～

～に近づかない

▶ You should **keep away from** that area.
あなたはその地域に近づかないほうがよい。

▷『5分間テストブック』を解いてみよう！ ➜ 別冊 p.70

# 動詞の働きをする熟語③

1039

## live on ～

～で生活する，
～を食べて生きる

▶ He has to **live on** 500 dollars a month.
彼は1か月500ドルで生活しなければならない。

1040

## look down on ～

～を見下す

▶ Don't **look down on** other people.
他人を見下してはいけません。

1041

## make out ～

～を理解する

▶ Did you **make out** what he said?
あなたは彼が言ったことを理解しましたか。

understand「～を理解する」とほぼ同じ意味だよ。

1042

## figure out ～

～を理解する，～を計算する

▶ I can't **figure out** what is wrong.
私は何が悪いのかを理解することができない。

1043

## spend ～ on ...

…に～(お金・時間など)を使う

▶ He **spent** all the money **on** the car.
彼はその車にすべてのお金を使った。

1044

## thank ～ for ...

～に…を感謝する

▶ I want to **thank** you **for** your support.
私はあなたに支援を感謝したい。

1045

## would rather *do*

むしろ～したい

▶ I **would rather go** to the beach.
私はむしろ浜辺に行きたい。

■1046

## be at a loss

途方に暮れている

▶ Paul **is at a loss** for what to do next.
ポールは次に何をすればいいか途方に暮れている。

■1047

## be crowded with ～

～で混雑している

▶ The flower park **is crowded with** many people.
フラワーパークは多くの人で混雑している。

■1048

## be disappointed with ～

～にがっかりしている

▶ I **was disappointed with** the result.
私はその結果にがっかりした。

■1049

## be familiar with ～

～に精通している

▶ **Are** you **familiar with** English grammar?
あなたは英語の文法に精通していますか。

■1050

## be jealous of ～

～をねたんでいる

▶ Why **are** you **jealous of** her?
なぜあなたは彼女をねたんでいるのですか。

■1051

## be made up of ～

～で構成されている

▶ The committee **is made up of** twenty members.
委員会は20人のメンバーで構成されている。

■1052

## be over

終わる，終わっている

▶ The cold season will **be over** soon.
寒い季節はもうすぐ終わるだろう。

**The party is over.**「パーティーは終わった」のように現在形で表すこともあるよ。

▷『5分間テストブック』を解いてみよう！ ➡ 別冊 p.71

# 69 よく出る熟語
# 動詞の働きをする熟語④

1053

**be typical of ～**　～に特有である，～に典型的である

▶ Such an attitude **is typical of** children.
そのような態度は子どもに特有である。

1054

**be used to *doing***　～するのに慣れている

▶ She **is used to driving** a big car.
彼女は大きな車を運転するのに慣れている。

used to *do*「以前は～だった」との違いに注意しよう。

1055

**be worth *doing***　～する価値がある

▶ Her new mystery **is worth reading**.
彼女の新しいミステリーは読む価値がある。

1056

**break out**　勃発する

▶ The war **broke out** when he was in America.
彼がアメリカにいたとき，戦争が勃発した。

1057

**bring about ～**　～をもたらす，～を引き起こす

▶ The typhoon **brought about** a lot of damage.
その台風は大きな被害をもたらした。

1058

**break up**　解散する，終わる

▶ How did the organization **break up**?
その組織はどのようにして解散しましたか。

1059

**call off ～**　～を中止する

▶ The picnic was **called off** because of the storm.
ピクニックは嵐のために中止された。

1060
## can't help *doing*
～せずにはいられない，～せざるを得ない

▶ I **can't help eating** chocolate.
私はチョコレートを食べずにはいられない。

help のあとには動詞の ing 形がくることに注意しよう。

1061
## come to life
活気づく，意識が回復する

▶ The small town **came to life** with the festival.
その小さな町は祭りで活気づいた。

1062
## complain about ～
～について不平[苦情]を言う

▶ She is always **complaining about** her life.
彼女はいつも人生について不平を言っている。

1063
## cut down ～
～を切り倒す，～を減らす

▶ We don't need to **cut down** these trees.
私たちはこれらの木を切り倒す必要はない。

1064
## cut off ～
～を断ち切る，～を中断する

▶ We don't want to **cut off** a good relationship with him.
私たちは彼との良好な関係を断ち切りたくない。

1065
## decide on ～
～に決める

▶ I've **decided on** this hat for her present.
私は彼女へのプレゼントをこの帽子に決めました。

「(いくつかの選択肢・可能性の中から)～に決める」という意味だよ。

1066
## do ～ a favor
～のお願いを聞く，～に親切な行為をする

▶ Could you **do** me **a favor**?
私のお願いを聞いていただけますか。

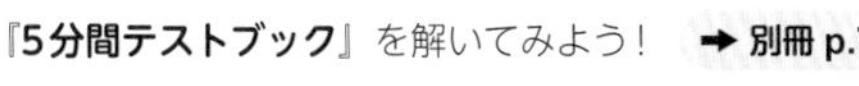
『5分間テストブック』を解いてみよう！ ➡ 別冊 p.72

# 動詞の働きをする熟語⑤

1067

## do ～ good

～の役に立つ

▶ This Chinese medicine will **do** you **good**.
この漢方薬はあなたの役に立つだろう。

1068

## do ～ harm

～に損害を与える(あた)，
～に危害を及ぼす(およ)

▶ Smoking will **do** your body **harm**.
喫煙(きつえん)はあなたの体に害を与えるだろう。

**do harm to** ～でも
同じ意味を表すよ。

1069

## drop in at ～

～にちょっと立ち寄る

▶ I **dropped in at** the bookstore.
私は書店にちょっと立ち寄った。

1070

## feel at home

気が休まる，くつろぐ

▶ I really **feel at home** here.
私はここで本当に気が休まる。

1071

## feel sorry for ～

～を気の毒に思う，
～のことですまないと思う

▶ I **feel sorry for** your illness.
私はあなたの病気を気の毒に思う。

1072

## get ～ to *do*

～に…させる

▶ I **got** him **to wash** the dishes.
私は彼(かれ)に皿を洗わせた。

1073

## get lost

道に迷う

▶ Kate often **gets lost**.
ケイトはよく道に迷う。

0 500 1000 1220

1074

## lose *one's* way

道に迷う

▶ We **lost our way** in the forest.
私たちは森の中で道に迷った。

1075

## lose sight of ～

～を見失う

sight には「見ること」という意味があるね。

▶ I **lost sight of** the dog in the park.
私は公園でそのイヌを見失った。

1076

## go against ～

～に反する，～に背く

▶ Some of their ideas **go against** the rules.
彼らの考えのいくつかは規則に反する。

1077

## go into ～

～の中に入る

▶ My mother **went into** my room while I was out.
私が外出中に，母は私の部屋の中に入った。

1078

## have a baby

子どもを産む，
赤ちゃんができる

▶ She wants to **have a baby** someday.
彼女はいつか子どもを産みたいと思っている。

1079

## keep ～ in mind

～を心に留めておく，
～を覚えておく

▶ You should **keep** those rules **in mind**.
あなたはそれらの規則を心に留めておくべきだ。

1080

## keep an eye on ～

～から目を離さないでいる

▶ Could you **keep an eye on** my suitcase for a while?
少しの間，私のスーツケースから目を離さないでいただけますか。

『5分間テストブック』を解いてみよう！ ➡ 別冊 p.73

# 71 よく出る熟語
# 動詞の働きをする熟語⑥

1081

## leave 〜 alone

〜を1人にしておく，〜をそのままにしておく

▶ Don't **leave** your child **alone** in a car.
車に子どもを1人にしておいてはいけません。

1082

## line up

列を作る

▶ They **lined up** to buy concert tickets.
彼(かれ)らはコンサートのチケットを買うために列を作った。

1083

## major in 〜

〜を専攻(せんこう)する

▶ I **majored in** psychology at university.
私は大学で心理学を専攻した。

1084

## make *one's* way to 〜

〜へ向かう，〜へ進む

▶ I was **making my way to** the church then.
私はそのとき，教会へ向かっていた。

1085

## make a decision

決断する，決心する

▶ We have to **make a decision** on the issue later.
私たちはあとでその問題について決断しなければならない。

1086

## make fun of 〜

〜をからかう

▶ Don't **make fun of** me.
私をからかわないでください。

1087

## make progress

進歩する，上達する

▶ Some African countries have **made** great **progress** in education.
いくつかのアフリカの国々では教育が大いに進歩した。

0 500 1000 1220

1088

## make the most of ～

～を最大限に活用する

「(有利な状況や能力など)を活用する」というときに使うよ。

▶ I want to **make the most of** my time.
私は自分の時間を最大限に活用したい。

1089

## take advantage of ～

～を(うまく)利用する

▶ Let's **take advantage of** the opportunity.
その機会をうまく利用しましょう。

1090

## make use of ～

～を利用する

▶ It is necessary to **make use of** the data.
そのデータを利用することが必要だ。

1091

## put ～ into practice

～を実践[実行]する

▶ How can we **put** it **into practice**?
私たちはどのようにそれを実践することができますか。

1092

## put up with ～

～を我慢する，～に耐える

▶ I can't **put up with** this situation anymore.
私はもうこの状況を我慢することができない。

1093

## regard ～ as ...

～を…と見なす

▶ We **regard** her **as** a great artist.
私たちは彼女をすばらしい芸術家と見なしている。

1094

## replace ～ with ...

～を…と取り替える

▶ I **replaced** the battery **with** a new one.
私はその電池を新しいものと取り替えた。

『5分間テストブック』を解いてみよう！ ➡ 別冊 p.74

# 動詞の働きをする熟語⑦

1095

## remind ～ of ...

～に…を思い起こさせる

▶ This park **reminds** her **of** her childhood.
この公園は彼女に子ども時代を思い起こさせる。

1096

## speak up

大きな声で話す，はっきり言う

▶ Could you **speak up** a little?
もう少し大きな声で話していただけますか。

1097

## stop by ～

～に立ち寄る

▶ Please feel free to **stop by** our office.
気軽に私たちの事務所に立ち寄ってください。

1098

## take ～ into account

～を考慮に入れる

▶ We need to **take** their opinions **into account**.
私たちは彼らの意見を考慮に入れる必要がある。

1099

## take *one's* time

ゆっくりやる

▶ She **took her time** to fill out the questionnaire.
彼女はゆっくりアンケートに記入した。

1100

## take a nap

昼寝をする

▶ I didn't have time to **take a nap** today.
私は今日，昼寝をする時間がなかった。

1101

## take care

注意する，気をつける

▶ **Take care** and have fun.
気をつけて楽しんでください。

親しい人と別れるときのあいさつで Take care. と言うこともあるよ。

1102

## take the place of ～

～の代わりをする，
～に取って代わる

▶ Who will **take the place of** your boss?
だれがあなたの上司の代わりをしますか。

1103

## turn ～ into ...

～を…に変える

▶ He **turned** the place **into** a beautiful garden.
彼はその場所を美しい庭に変えた。

1104

## tell a lie

うそをつく

▶ Why did you **tell a lie** to me?
なぜあなたは私にうそをついたのですか。

1105

## appeal to ～

～に訴(うった)える，～の心に訴える

▶ We would like to **appeal to** various age groups.
私たちはさまざまな年齢層(ねんれいそう)に訴えたい。

1106

## be capable of *doing*

～することができる

▶ Mia **is capable of teaching** French.
ミアはフランス語を教えることができる。

「(その能力があるから)～することができる」という意味で使うよ。

1107

## be free from ～

～から解放されている，
～がない

▶ People **are** now **free from** fear.
人々は今，恐怖(きょうふ)から解放されている。

1108

## be grateful for ～

～に感謝している

▶ We **are grateful for** your cooperation.
私たちはあなたの協力に感謝している。

『5分間テストブック』を解いてみよう！ ➡ 別冊 p.75

よく出る熟語

# 動詞の働きをする熟語⑧

1109

## be out of the question

問題にならない，あり得ない

▶ Such a request **is out of the question**.
そのような要求は問題外だ。

1110

## be sick of ～

～にうんざりしている

▶ He **is sick of** working long hours.
彼は長時間働くことにうんざりしている。

**be tired of** ～「～に飽きている」も一緒に覚えよう。

1111

## do nothing but *do*

～してばかりいる，
ただ～するだけである

▶ My son **does nothing but play** video games.
私の息子はテレビゲームをしてばかりいる。

1112

## go out of business

倒産する，廃業する

▶ The company **went out of business** last month.
その会社は先月倒産した。

1113

## have a chance to *do*

～する機会がある

▶ Did you **have a chance to see** the festival?
あなたはその祭りを見る機会がありましたか。

1114

## let ～ down

～を失望させる，～を下げる

▶ She really **let** me **down**.
彼女は本当に私を失望させた。

1115

## look out

用心する

▶ **Look out** for the cars.
車に用心してください。

0　500　1000　1220

1116

## lose *one's* balance

バランスを崩(くず)す

▶ She **lost her balance** and fell down the stairs.
彼女はバランスを崩して階段から落ちた。

1117

## lose control

自制を失う

▶ Ben **lost control** when he heard the news.
ベンはその知らせを聞いたとき，自制を失った。

1118

## play an important role in ～

～で重要な役割を果たす

▶ Sports **play an important role in** our life.
スポーツは私たちの生活の中で重要な役割を果たす。

1119

## run into ～

～と偶然(ぐうぜん)出会う

▶ I **ran into** Lily at the party last weekend.
私は先週末，パーティーでリリーと偶然出会った。

1120

## take ～ back to ...

～を…に返品する

▶ You can **take** the product **back to** the store.
あなたはその製品を店に返品することができる。

1121

## take a bite

一口食べる

▶ He **took a bite** out of the pizza.
彼はピザを一口食べた。

1122

## take after ～

～に似ている

▶ Mark **takes after** his grandfather.
マークは彼の祖父に似ている。

**after** のあとにはふつう血縁関係(けつえんかんけい)にある年上の人がくるよ。

『5分間テストブック』を解いてみよう！　➡ 別冊 p.76

# その他の熟語①

1123

## at the most

せいぜい，最大でも

▶ It will take ten minutes **at the most** to walk to the museum.
博物館まで歩いてせいぜい 10 分だろう。

1124

## by far

（最上級を強めて）断然

▶ This novel is **by far** the most exciting of all.
この小説はすべての中で断然最もわくわくする。

1125

## by accident

偶然に

▶ We met Mr. Yamada **by accident**.
私たちは偶然に山田先生に会った。

1126

## for sure

確かに

▶ I put the key on the desk **for sure**.
私は確かにかぎを机の上に置いた。

1127

## from now on

今後ずっと

from now「今から～後に」との違いに注意しよう。

▶ I will study harder **from now on**.
私は今後ずっともっと一生懸命に勉強するつもりだ。

1128

## in a sense

ある意味では

▶ She is right **in a sense**.
彼女はある意味では正しい。

1129

## in advance

あらかじめ

▶ I made a reservation **in advance**.
私はあらかじめ予約をした。

1130

## in charge of ～

～を担当［管理］して

▶ Who is **in charge of** the sales department?
だれが営業部を担当していますか。

1131

## in conclusion

結論として，最後に

▶ **In conclusion**, I agree to the new rule.
結論として，私は新しいルールに賛成だ。

説明文のまとめの文で使われることが多いよ。

1132

## to begin with

最初に

▶ **To begin with**, let's look at the example.
最初に，その例を見ましょう。

1133

## in other words

言い換えれば

▶ **In other words**, this job is not for me.
言い換えれば，この仕事は私に向いていない。

1134

## in practice

実際上は

▶ The plan doesn't seem to work **in practice**.
その計画は実際上はうまくいかないように思われる。

1135

## in reality

実際は

▶ **In reality**, it is difficult to live alone.
実際は，１人で生活するのは難しい。

1136

## in spite of ～

～にもかかわらず

▶ **In spite of** the bad weather, we went camping.
悪天候にもかかわらず，私たちはキャンプに行った。

『5分間テストブック』を解いてみよう！ ➡ 別冊 p.77

# その他の熟語②

1137

## in turn

順番に

▶ Each of us took a shower **in turn**.
私たちはそれぞれ順番にシャワーを浴びた。

1138

## just in case

万一に備えて

▶ **Just in case**, please tell me your phone number.
万一に備えて，私にあなたの電話番号を教えてください。

1139

## no more than ～

～しか，～にすぎない

▶ Jack has **no more than** ten dollars today.
ジャックは今日，10 ドルしか持っていない。

**no less than** ～は「～も，～ほど多くの」という意味だよ。

1140

## not only ～ but also ...

～だけでなく…も

▶ The band is popular **not only** in Japan **but also** in other countries.
そのバンドは日本だけでなくほかの国でも人気がある。

1141

## now that ～

今はもう～だから

▶ **Now that** she is a college student, she lives away from home.
彼女は今はもう大学生だから，実家を離れて暮らしている。

1142

## nothing but ～

ただ～だけ

▶ She thinks of **nothing but** herself.
彼女はただ自分のことだけを考えている。

1143

## of *one's* own

自分自身の，専用の

▶ I want to buy a car **of my own**.
私は自分自身の車を買いたい。

1144

## out of date

じだいおく
時代遅れの[で]

▶ Those devices are **out of date**.
それらの機器は時代遅れだ。

1145

## out of order

故障して

▶ The air conditioner has been **out of order** for several days.
そのエアコンは数日間故障している。

1146

## over and over again

何度も，繰り返して

▶ He saw the anime **over and over again**.
彼は何度もそのアニメを見た。

1147

## than usual

いつもより

比較級のあとで使われるよ。

▶ I got up earlier **than usual**.
私はいつもより早く起きた。

1148

## to *one's* surprise

～が驚いたことに

▶ **To my surprise**, they won the championship.
私が驚いたことに，彼らは優勝した。

1149

## whether ～ or not

～であろうとなかろうと

▶ It doesn't matter **whether** you like it **or not**.
あなたがそれを好きであろうとなかろうと問題ではない。

1150

## with care

気をつけて

▶ I told him to handle the package **with care**.
私は彼に気をつけてその荷物を扱うように言った。

『5分間テストブック』を解いてみよう！ ➡ 別冊 p.78

# 76 よく出る熟語 その他の熟語③

1151

## without fail

必ず，間違いなく

▶ I'll visit her tomorrow **without fail**.
私は明日，必ず彼女を訪ねるつもりだ。

1152

## except for ～

～を除いては

▶ Everyone is busy **except for** Jim.
ジムを除いてはみんなが忙しい。

1153

## in place of ～

～の代わりに

▶ I went there **in place of** my mother.
私は母の代わりにそこへ行った。

**in *one's* place**「～の代わりに」も同じ意味だよ。

1154

## in the middle of ～

～の真ん中で

▶ He was painting a picture **in the middle of** the park.
彼は公園の真ん中で絵を描いていた。

1155

## on *one's* way to ～

～へ行く途中で

▶ I saw a car accident **on my way to** school.
私は学校へ行く途中で自動車事故を見た。

1156

## some ～, others ...

～するものもあれば，…するものもある

▶ **Some** people like coffee**, others** like tea.
コーヒーが好きな人もいれば，紅茶が好きな人もいる。

1157

## that is because ～

それは～だからである

▶ **That is because** I didn't have enough time.
それは私に十分な時間がなかったからである。

1158

## that's how ～

そのようにして～

▶ **That's how** we started a new company.
そのようにして私たちは新しい会社を始めた。

1159

## up to ～

～次第(しだい)で

▶ It's **up to** you.
それはあなた次第である。

1160

## above all

とりわけ，中でも

▶ **Above all**, she loves talking with her friends.
とりわけ，彼女は友達と話すのが大好きだ。

1161

## all at once

突然(とつぜん)

▶ **All at once**, I felt sad.
突然，私は悲しく感じた。

1162

## all of a sudden

突然，急に

▶ **All of a sudden**, it started to rain.
突然，雨が降り始めた。

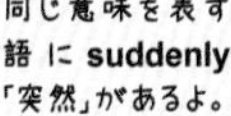

1163

## as ～ as ever

相変わらず～

▶ My father is **as** busy **as ever**.
私の父は相変わらず忙しい。

1164

## as far as I know

私の知る限りでは

▶ **As far as I know**, that store was closed two months ago.
私の知る限りでは，あの店は２か月前に閉店した。

『5分間テストブック』を解いてみよう！ ➡ 別冊 p.79

# その他の熟語④

1165

## as you know

知っての通り

▶ **As you know**, she is going to get married this June.
知っての通り，彼女は今年の６月に結婚する予定だ。

1166

## at a time

一度に，一回につき

▶ At this library, you can borrow five books **at a time**.
この図書館では，一度に５冊の本を借りることができる。

1167

## at the moment

(現在の文で)今，(過去の文で)そのときに

▶ I'm living in Sydney **at the moment**.
私は今，シドニーに住んでいる。

1168

## at the sight of ～

～を見て

▶ The man started to run **at the sight of** a police officer.
その男の人は警察官を見て走り始めた。

1169

## by the side of ～

～のそばに

▶ Our house is located **by the side of** the lake.
私たちの家は湖のそばにある。

1170

## by turns

～になったり…になったり

▶ When I had a cold, I felt cold and hot **by turns**.
私は風邪をひいたとき，寒くなったり熱くなったりした。

**turns** と **s** がつくことに注意しよう。

1171

## every other day

１日おきに

▶ Jack goes to the gym **every other day**.
ジャックは１日おきにジムに行く。

1172

## every now and then

ときどき

▶ Ben visits his grandparents **every now and then**.
ベンはときどき，祖父母を訪ねる。

1173

## from time to time

ときどき

▶ I like to eat out **from time to time**.
私はときどき外食するのが好きだ。

1174

## once in a while

ときどき

▶ You should take a walk **once in a while**.
あなたはときどき散歩するべきだ。

1175

## for a minute

ちょっとの間

▶ Can I use the phone **for a minute**?
ちょっとの間電話を使ってもいいですか。

1176

## for one thing

1つには

▶ **For one thing**, I'm not interested in art.
1つには，私は芸術に興味がない。

for another「もう1つには」を使って2つ目の理由を挙げることができるよ。

1177

## for short

略して

▶ We call him Josh **for short**.
私たちは彼を略してジョシュと呼ぶ。

1178

## here and there

あちこちで[に]

▶ We can see many kinds of flowers **here and there**.
私たちはあちこちでたくさんの種類の花を見ることができる。

『5分間テストブック』を解いてみよう！ ➡ 別冊 p.80

# その他の熟語⑤

1179

## if only ～

～でありさえすれば

▶ **If only** I knew his phone number.
彼の電話番号を知ってさえいれば。

I wish ～「～であればいいのに」より少し強い願望の意味で使われるよ。

1180

## in a group

グループで

▶ It is safer to travel **in a group** than alone.
１人よりグループで旅行するほうが安全だ。

1181

## in any case

とにかく

▶ **In any case**, we need to go back to the office.
とにかく，私たちは事務所へ戻る必要がある。

1182

## in contrast

対照的に

▶ **In contrast**, he lives in the countryside.
対照的に，彼は田舎に住んでいる。

1183

## in detail

詳細に

▶ Please tell me the story **in detail**.
私にその話を詳細に教えてください。

1184

## in general

一般的に

▶ **In general**, dogs like to play outside.
一般的に，イヌは外で遊ぶのが好きだ。

1185

## in many ways

いろいろな点で

▶ Ellen resembles her mother **in many ways**.
エレンはいろいろな点で彼女の母親に似ている。

1186
## in the distance
遠くに[で]

▶ I saw the lighthouse **in the distance**.
私は遠くに灯台が見えた。

1187
## in the first place
そもそも

▶ Why didn't you tell him anything **in the first place**?
そもそもなぜあなたは彼に何も言わなかったのですか。

1188
## in the short run
短期的に見れば

▶ You may lose money **in the short run**.
あなたは短期的に見ればお金を失うかもしれない。

1189
## in the wrong direction
間違(まちが)った方向に

▶ They are going **in the wrong direction**.
彼らは間違った方向に進んでいる。

1190
## little by little
少しずつ

このbyは「～ずつ」という意味を表すよ。

▶ It's getting warm **little by little** these days.
最近少しずつ暖かくなってきている。

1191
## more ～ than *one* expected
…が思っていた以上に～

▶ The bag is **more** expensive **than I expected**.
そのバッグは私が思っていた以上に高い。

1192
## more or less
多かれ少なかれ，およそ

▶ I believe she is **more or less** correct.
私は，彼女は多かれ少なかれ正しいと信じている。

『5分間テストブック』を解いてみよう！ ➡ 別冊 p.81

# その他の熟語⑥

1193

## neither ～ nor ...

～も…もない

▶ He drinks **neither** wine **nor** beer.
彼(かれ)はワインもビールも飲まない。

1194

## not so much ～ as ...

～というより…

▶ Lucy is **not so much** a singer **as** a dancer.
ルーシーは歌手というよりダンサーだ。

1195

## on schedule

予定通りに

▶ The express train left **on schedule**.
急行列車は予定通りに出発した。

1196

## on the point of *doing*

まさに～しようとして

▶ He was **on the point of saying** something.
彼はまさに何か言おうとしていた。

1197

## one after another

次から次へと

▶ The cars came **one after another**.
車が次から次へと来た。

1198

## one by one

1つずつ

▶ I will answer your questions **one by one**.
私は1つずつあなたの質問に答えるつもりだ。

1199

## one another

お互(たが)い

▶ We have known **one another** for many years.
私たちは長年お互いを知っている。

each other と同じ意味で，2人や3人以上に対して使うよ。

1200

## over a cup of coffee

コーヒーを飲みながら

▶ They talked **over a cup of coffee**.
彼らはコーヒーを飲みながら話した。

1201

## regardless of ～

～に構わず，～とは関係なく

▶ Everyone is welcome **regardless of** age.
年齢(ねんれい)に構わずだれでも歓迎(かんげい)される。

1202

## on board ～

～に乗って

あとには船，飛行機などの乗り物を表す語がくるよ。

▶ How many people are **on board** the ship?
何人が船に乗っていますか。

1203

## side by side

並んで

▶ The cats were sitting **side by side**.
ネコたちは並んで座っていた。

1204

## something is wrong with ～

～の調子が悪い

▶ **Something is wrong with** the hair dryer.
ヘアドライヤーの調子が悪い。

1205

## sooner or later

遅(おそ)かれ早かれ

▶ They will solve the problem **sooner or later**.
彼らは遅かれ早かれその問題を解決するだろう。

1206

## speaking of ～

～と言えば

▶ **Speaking of** Bob, have you heard from him lately?
ボブと言えば，最近彼から連絡(れんらく)がありましたか。

『5分間テストブック』を解いてみよう！ ➡ 別冊 p.82

# 80

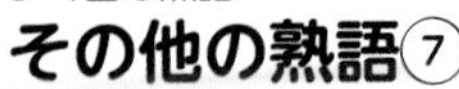

1207～1220

1207

## that's why ～

そのようなわけで～

▶ **That's why** I must get up early tomorrow.
そのようなわけで私は明日早く起きなければならない。

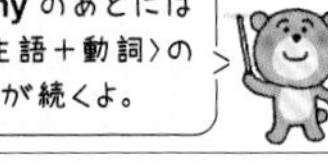

1208

## the last ～ to *do*

最も…しそうにない～

▶ She is **the last** person **to do** such a thing.
彼女(かのじょ)は最もそのようなことをしそうにない人だ。

1209

## to be honest with you

正直に言うと

▶ **To be honest with you**, I don't want to go there.
正直に言うと，私はそこに行きたくない。

1210

## to tell you the truth

実を言えば

▶ **To tell you the truth**, I don't like my job.
実を言えば，私は自分の仕事が好きではない。

1211

## to be sure

確かに

▶ It is a good question, **to be sure**.
確かに，それはよい質問だ。

1212

## upside down

逆さまに

▶ Don't turn the box **upside down**.
箱を逆さまにしないでください。

1213

## what is worse

さらに悪いことには

▶ **What is worse**, it has begun to snow.
さらに悪いことには，雪が降り始めた。

1214

## at the risk of ～

～の危険を冒して

▶ The man saved his daughter **at the risk of** his life.
その男の人は自分の命の危険を冒して娘を助けた。

1215

## at length

詳細に，ついに

▶ They explained the situation to us **at length**.
彼らは詳細に私たちに状況を説明した。

1216

## for a change

気分転換に

▶ How about having a cup of coffee **for a change**?
気分転換にコーヒーを飲むのはどうですか。

1217

## in public

人前で

public には「公衆」という意味があるよ。

▶ I'm not good at speaking **in public**.
私は人前で話すのが得意ではない。

1218

## none of *one's* business

～の知ったことではない

▶ What he does is **none of my business**.
彼がすることは私の知ったことではない。

1219

## some other time

いつか別のときに

▶ Let's try again **some other time**.
いつか別のときにまた試してみましょう。

1220

## to the point

的を射た，適切な

▶ His explanation was not **to the point**.
彼の説明は的を射たものではなかった。

▷『5分間テストブック』を解いてみよう！ ➜ 別冊 p.83

## 英検TIPS!

# 当日の持ち物

教室で英検を間近にひかえたケンとアカネが話しているよ。

持ち物チェックリストだよ。本番前日に確認して,✓を入れてね。

- ☐ 一次受験票兼本人確認票　必ず写真を貼っておこう!
- ☐ 身分証明書
- ☐ HBの黒えんぴつ,またはシャープペンシル　使い慣れているものが◎。予備も必ず持っていこう!
- ☐ 消しゴム　消しやすいもの,よく消えるものを選ぼう!
- ☐ うで時計　会場にあることが多いけれど,近くに置いておくと安心!
- ☐ うわばき　不要な会場もあるよ。確認しよう。

# 会話表現50

最後に会話表現を学習するよ!
リスニングや会話文の空所補充(ほじゅう)問題で頻出(ひんしゅつ)!
よく出る50の表現を確実に身につけよう!

# 会話表現①

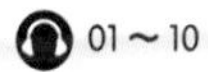

01～10

## 01 Why don't you *do*?

～したらどうですか。

A: This coffee is too hot to drink.
このコーヒーは熱すぎて飲めません。

B: **Why don't you put** some milk in it**?**
ミルクを入れたらどうですか。

## 02 Why don't we *do*?

～しましょう。

A: **Why don't we have** lunch together**?**
一緒（いっしょ）に昼食を食べましょう。

B: Good idea.
いい考えですね。

## 03 What's the matter?

どうしたのですか。

A: **What's the matter?** You don't look well.
どうしたのですか。元気がなさそうですね。

B: I have a little headache.
少し頭痛がするんです。

## 04 How do you like ～?

～はどうですか。

A: **How do you like** your new job**?**
新しい仕事はどうですか。

B: I like it very much.
とても気に入っています。

相手の感想を聞くときに使う表現だよ。

## 05 Not really.

それほどでもありません。

A: Are you hungry now?
今，おなかがすいていますか。

B: **Not really.**
それほどでもありません。

英検の筆記問題やリスニングでよく出る会話表現を紹介します。
対話からどんな場面かを考えながら，音声を聞こう。

## 06 Guess what! ｜ あのね！

A: **Guess what!** I'm moving to Paris next month.
あのね！　来月パリに引っ越す予定なんだ。

B: Wow, that sounds exciting.
わあ，それはわくわくするね。

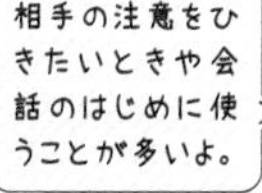

## 07 I'm afraid ～. ｜ 申し訳ないですが～。，残念ながら～。

A: Do you have this in another color?
これの色違いはありますか。

B: **I'm afraid** we only have it in black.
申し訳ございませんが，黒しかありません。

## 08 This is ～ speaking. ｜ (電話で)～です。

A: Hello. **This is** Lisa **speaking.** Is Ms. Smith there?
もしもし。リサです。スミス先生はいますか。

B: Speaking.
私です。

この表現が出てきたら，電話での会話だと判断しよう。

## 09 May I speak to ～? ｜ (電話で)～をお願いできますか。

A: **May I speak to** Mr. Yamada, please**?**
山田さんをお願いできますか。

B: I'm sorry, but he is in a meeting now.
申し訳ございませんが，彼は現在，会議中です。

## 10 Would you mind *doing*? ｜ ～していただけませんか。

A: **Would you mind closing** the door**?**
ドアを閉めていただけませんか。

B: No, not at all.
はい，いいですよ。

# 会話表現②

11

## Just a minute.

ちょっと待ってください。

A: Can I ask you something?
少し聞いてもいいですか。

B: Sure. **Just a minute.**
もちろんです。ちょっと待ってください。

12

## Long time no see.

久しぶりですね。

A: Hi. **Long time no see.**
こんにちは。久しぶりですね。

B: Yes, it's been a while.
はい，久しぶりです。

13

## I'm home.

ただいま。

A: Mom. **I'm home.**
お母さん。ただいま。

B: Hi, how was your day?
おかえり，今日はどうだった？

14

## Neither do I.

(否定文を受けて)私もそうです。

A: I don't really like spicy food.
辛(から)い食べ物はあまり好きではありません。

B: **Neither do I.**
私もそうです。

ふつうの文とは語順が異なるので，注意しよう。

15

## No way!

とんでもない！，だめだ！

A: Can you lend me some money?
いくらか私にお金を貸してくれませんか。

B: **No way!**
とんでもない！

英検の筆記問題やリスニングでよく出る会話表現を紹介します。
対話からどんな場面かを考えながら，音声を聞こう。

## ■16 Please help yourself to ～.

どうぞ～をご自由にお召し上がりください。

A: **Please help yourself to** some cake.
どうぞケーキをご自由にお召し上がりください。

B: Thank you. Oh, it looks delicious.
ありがとうございます。わあ，おいしそうですね。

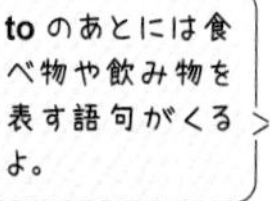

## ■17 That would be nice.

それはいいですね。

A: Can we talk over tea?
お茶を飲みながら話しませんか。

B: Yes. **That would be nice.**
はい。それはいいですね。

## ■18 That's good to hear.

それはよかったですね。

A: I got a scholarship to college.
大学の奨学金をもらいました。

B: Oh, really? **That's good to hear.**
まあ，本当ですか。それはよかったですね。

## ■19 What's up?

最近どう？，どうしたの？

A: Hey, **what's up?**
やあ，最近どう？

B: Nothing much.
特に何もないよ。

## ■20 Can I help you?

(店で)いらっしゃいませ。，どのようなご用件でしょうか。

A: **Can I help you?**
いらっしゃいませ。

B: Yes, please. I'm looking for a new sweater.
はい。新しいセーターを探しています。

会話表現

# 会話表現③

## 21 according to ～　　～によれば

A: What will the weather be like tomorrow?
明日の天気はどうですか。

B: **According to** the weather forecast, it'll rain tomorrow.
天気予報によれば，明日は雨が降るでしょう。

## 22 as a result　　その結果

A: Why were you late for work?
なぜ仕事に遅刻したのですか。

B: I overslept, and **as a result**, missed my train.
寝坊して，その結果，電車に乗り遅れました。

## 23 By all means.　　ぜひどうぞ。，もちろん。

A: May I sit here?
ここに座ってもいいですか。

B: **By all means.**
ぜひどうぞ。

## 24 Calm down.　　落ち着いて。

A: I've lost my wallet. I can't find it anywhere.
財布をなくしました。どこにも見つけることができません。

B: **Calm down.** Let's find it together.
落ち着いて。一緒に見つけましょう。

## 25 Come on!　　がんばれ！，さあ！

A: **Come on!** You can do it.
がんばれ！　あなたならできます。

B: Thank you. I'll do my best.
ありがとうございます。ベストを尽くします。

相手をはげましたり，行動をうながしたりするときなどによく使うよ。

英検の筆記問題やリスニングでよく出る会話表現を紹介します。
対話からどんな場面かを考えながら，音声を聞こう。

## Give me a hand.　手伝ってください。

A: We need to move these chairs. Please **give me a hand**.
私たちはこれらのいすを動かす必要があります。手伝ってください。

B: Sure, no problem.
もちろんです，問題ありません。

## How come ～?　なぜ～ですか。

A: **How come** you didn't call me last night**?**
なぜ昨夜，私に電話しなかったのですか。

B: Sorry, I was really busy.
すみません，とても忙しかったのです。

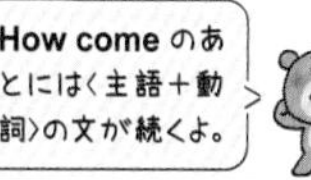

## I can't help it.　仕方がありません。

A: You look so tired.
あなたはとても疲れているように見えます。

B: I have to finish this work by tomorrow. **I can't help it.**
明日までにこの仕事を終わらせなければなりません。仕方がありません。

## I guess so.　そう思います。

A: Will she come to the party?
彼女はパーティーに来ますか。

B: **I guess so.**
そう思います。

## I'll miss you.　あなたがいなくなると寂しくなります。

A: I'm going to leave here this weekend.
私は今週末ここを発つ予定です。

B: **I'll miss you.**
あなたがいなくなると寂しくなります。

# 会話表現④

## I'm sorry to hear that.
それはお気の毒ですね。

A: My father has been sick since last week.
私の父は先週から病気です。
B: **I'm sorry to hear that.**
それはお気の毒ですね。

この **sorry** は謝罪の意味ではなく，相手のことを気の毒に思う気持ちを表すよ。

## I'm full.
満腹です。

A: Would you like some more salad?
もう少しサラダはいかがですか。
B: No, thank you. **I'm full.**
いいえ，結構です。満腹です。

## I'm wondering if ～.
～かなと思っています。

A: **I'm wondering if** you can help me.
あなたに手伝ってもらえないかなと思っています。
B: Sure!
もちろんです！

■34

## I have an appointment with ～.
～と会う約束があります。

A: Are you free this afternoon?
今日の午後，空いていますか。
B: No. **I have an appointment with** my client.
いいえ。お客さんと会う約束があります。

## May I leave a message?
(電話で)伝言をお願いできますか。

A: I'm sorry, Ben is not here now.
すみません，ベンは今ここにいません。
B: **May I leave a message?**
伝言をお願いできますか。

英検の筆記問題やリスニングでよく出る会話表現を紹介します。
対話からどんな場面かを考えながら，音声を聞こう。

## May I take a message?

（電話で）ご伝言を承りましょうか。

A: She is out now. **May I take a message?**
彼女は今，外出しています。ご伝言を承りましょうか。

B: No, thank you. I'll call her back later.
いいえ，結構です。後ほどかけ直します。

37

## You have the wrong number.

（電話で）番号を間違えています。

A: Hello, is this the number for ABC Company?
もしもし，ABC社でしょうか。

B: I'm afraid **you have the wrong number.**
恐れ入りますが，番号を間違えています。

## That would help.

それは助かります。

A: Shall I wash the dishes?
お皿を洗いましょうか。

B: Thank you. **That would help.**
ありがとうございます。それは助かります。

## It's very kind of you.

ご親切にどうもありがとうございます。

A: Let me take you to the airport.
空港まで送りますね。

B: Oh, **it's very kind of you**.
まあ，ご親切にどうもありがとうございます。

## My pleasure.

どういたしまして。

A: Thank you so much for giving me a ride.
車で送ってくれてどうもありがとう。

B: **My pleasure.**
どういたしまして。

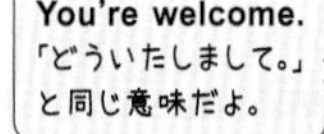

# 会話表現⑤

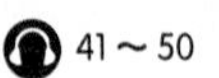

## Take it easy.

気楽にね。，無理をしないで。

A: I'm so nervous about my interview on Monday.
月曜日の面接のことでとても緊張(きんちょう)しています。

B: **Take it easy.** You'll be fine.
気楽にね。大丈夫(だいじょうぶ)だよ。

42

## The same to you.

あなたもね。

A: Have a wonderful holiday!
すばらしい休暇(きゅうか)をお過ごしください！

B: **The same to you.**
あなたもね。

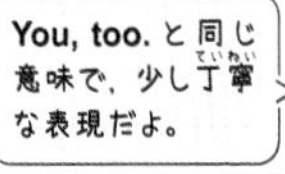

43

## Watch out!

気をつけて！

A: **Watch out!** The car is coming.
気をつけて！　車が来ています。

B: Oh, thank you.
ああ，ありがとうございます。

44

## Well done!

よくやった！

A: I passed the final exam.
私は最終試験に合格しました。

B: **Well done!**
よくやった！

45

## What a shame!

それは残念！

A: I'm sorry, but I won't be able to see you tonight.
すみませんが，今夜あなたに会えそうもありません。

B: **What a shame!**
それは残念！

英検の筆記問題やリスニングでよく出る会話表現を紹介(しょうかい)します。
対話からどんな場面かを考えながら，音声を聞こう。

## It depends.

時と場合によります。

A: Are you going camping this weekend?
あなたは今週末キャンプに行く予定ですか。

B: I don't know. **It depends.**
わかりません。時と場合によります。

## Please feel free to *do*.

遠慮(えんりょ)なく～してください。

A: **Please feel free to contact** me anytime.
いつでも遠慮なく私に連絡(れんらく)してください。

B: Thank you. I'll do that.
ありがとうございます。そうします。

## What do you say to *doing*?

～してはいかがですか。

A: **What do you say to taking** a break**?**
休憩(きゅうけい)してはいかがですか。

B: Sounds good to me.
いいですね。

## You can say that again.

その通りです。

A: It's so cold today.
今日はとても寒いです。

B: **You can say that again.**
その通りです。

## You can't miss it.

すぐ見つかります。

A: Excuse me. Could you tell me the way to the station?
すみません。駅までの道を教えていただけますか。

B: Go down this street and turn right at the post office. **You can't miss it.**
この通りに沿(そ)って行き，郵便局を右に曲がってください。すぐ見つかります。

# さくいん 単語編

数字は見出し語の番号だよ。

## D

## Q



## R

# さくいん　熟語編

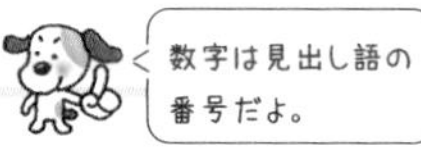

## C



## D



## E

## J



## K



## L



## M

## N



## O



## P



## R

## S



## T

## U



## W

わかるにかえる！ 5分間

# テストブック

# 準2級

すべての単語・熟語の
確認問題があるよ！

単語帳で
学習したあとに、
赤シートを使って
問題をとこう。

BUNRI

# もくじ

CONTENTS



このテストブックは，
単語帳１単元２ページに対し，１ページで対応しています。

単語帳　　テストブック

テストブックには，**単語帳に載っているすべての単語・熟語の問題**が掲載されています。赤シートを使って定着を確認し，**おぼえていなかった単語・熟語**のチェックらん（□）に✓を入れましょう。単語帳にもどって見直しをすると，より効果的です。

取り外して
スキマ時間にも
使ってね！

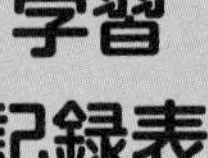

# 学習記録表

**テストの結果を記録しよう!**

- チェックの数が**2つ以下**の場合→ **「よくできた」**にチェック
- チェックの数が**3つ～5つ**の場合→ **「できた」**にチェック
- チェックの数が**6つ以上**の場合→ **「もう少し」**にチェック

| 単元 | よくできた | できた | もう少し |
|---|---|---|---|
| 例 | ✓ | | |
| 1 | | | |
| 2 | | | |
| 3 | | | |
| 4 | | | |
| 5 | | | |
| 6 | | | |
| 7 | | | |
| 8 | | | |
| 9 | | | |
| 10 | | | |
| 11 | | | |
| 12 | | | |
| 13 | | | |
| 14 | | | |
| 15 | | | |
| 16 | | | |
| 17 | | | |

| 単元 | よくできた | できた | もう少し |
|---|---|---|---|
| 18 | | | |
| 19 | | | |
| 20 | | | |
| 21 | | | |
| 22 | | | |
| 23 | | | |
| 24 | | | |
| 25 | | | |
| 26 | | | |
| 27 | | | |
| 28 | | | |
| 29 | | | |
| 30 | | | |
| 31 | | | |
| 32 | | | |
| 33 | | | |
| 34 | | | |
| 35 | | | |

| 単元 | よくできた | できた | もう少し |
| --- | --- | --- | --- |
| 36 | | | |
| 37 | | | |
| 38 | | | |
| 39 | | | |
| 40 | | | |
| 41 | | | |
| 42 | | | |
| 43 | | | |
| 44 | | | |
| 45 | | | |
| 46 | | | |
| 47 | | | |
| 48 | | | |
| 49 | | | |
| 50 | | | |
| 51 | | | |
| 52 | | | |
| 53 | | | |
| 54 | | | |
| 55 | | | |
| 56 | | | |
| 57 | | | |
| 58 | | | |

| 単元 | よくできた | できた | もう少し |
| --- | --- | --- | --- |
| 59 | | | |
| 60 | | | |
| 61 | | | |
| 62 | | | |
| 63 | | | |
| 64 | | | |
| 65 | | | |
| 66 | | | |
| 67 | | | |
| 68 | | | |
| 69 | | | |
| 70 | | | |
| 71 | | | |
| 72 | | | |
| 73 | | | |
| 74 | | | |
| 75 | | | |
| 76 | | | |
| 77 | | | |
| 78 | | | |
| 79 | | | |
| 80 | | | |

「もう少し」にチェックが入った
単元はしっかり見直ししようね！

とてもよく出る単語

# 動詞①

## 1 次の単語の意味をおぼえているか確認しましょう。

□(1) move 引っ越す　□(2) train ～を訓練する

□(3) decide ～を決心する　□(4) park ～を駐車する

□(5) grow 成長する　□(6) wait 待つ

□(7) plant ～を植える　□(8) order ～を注文する

ヒント
★～を植える　★～を駐車する　★待つ　★～を訓練する
★成長する　★～を決心する　★～を注文する　★引っ越す

## 2 日本語に合うように，(　　)内の適する単語を選びましょう。

□(1) ( enter / (win) ) the game　試合に勝つ

□(2) ( (build) / pick ) a stadium　スタジアムを建てる

□(3) ( (pay) / fix ) my water bill　水道料金を支払う

□(4) ( join / (travel) ) around the world　世界中を旅行する

□(5) ( (check) / need ) basic information　基本情報を確かめる

□(6) ( improve / (fail) ) a math exam　数学の試験に落ちる

□(7) ( find / (carry) ) a heavy suitcase　重いスーツケースを運ぶ

□(8) ( (practice) / support ) speaking German　ドイツ語を話す練習をする



おぼえていなかった単語は**単語帳 12 ページ**にもどって，もういちど確認しよう。

2

とてもよく出る単語

# 動詞②

## 1 次の単語の意味をおぼえているか確認しましょう。

| | | | |
|---|---|---|---|
| □(1) reach | ～に到着する | □(2) change | ～を変える |
| □(3) rent | ～を借りる | □(4) sound | ～に思われる |
| □(5) save | ～を節約する | □(6) waste | ～を浪費する |
| □(7) worry | 心配する | □(8) exchange | ～を交換する |

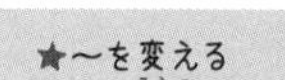

★～を変える ★心配する ★～に到着する ★～を節約する
★～を浪費する ★～を交換する ★～を借りる ★～に思われる

## 2 日本語に合うように，____にあてはまる単語を答えましょう。

□(1) leave him alone 彼を１人のままにしておく

□(2) lose my job 仕事を失う

□(3) taste sweet 甘い味がする

□(4) lend her money 彼女にお金を貸す

□(5) arrive at the airport 空港に到着する

□(6) cost more than ten dollars 10ドル以上がかかる

□(7) borrow a car from my friend 友人から車を借りる

□(8) seem to be a little nervous 少し緊張しているようだ

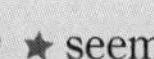

★ seem ★ lend ★ arrive ★ borrow
★ taste ★ cost ★ lose ★ leave

おぼえていなかった単語は**単語帳 14 ページ**にもどって，もういちど確認しよう。

3

とてもよく出る単語

# 動詞③

## 1 次の単語の意味をおぼえているか確認しましょう。

□(1) choose ～を選ぶ　□(2) add ～を加える

□(3) pick ～を摘む　□(4) reserve ～を予約する

□(5) happen (偶然)起こる　□(6) share ～を共有する

□(7) turn 曲がる　□(8) enter ～に入る

ヒント
★～を予約する　★～を選ぶ　★～を共有する　★～を摘む
★(偶然)起こる　★～に入る　★曲がる　★～を加える

## 2 日本語に合うように，(　　)内の適する単語を選びましょう。

□(1) ( catch / miss ) the train　電車に乗り損なう

□(2) ( take / cancel ) a flight　フライトを取り消す

□(3) ( report / hear ) the news　ニュースを報道する

□(4) ( sound / smell ) good　いいにおいがする

□(5) ( fix / set ) a computer　コンピューターを修理する

□(6) ( design / make ) a poster　ポスターをデザインする

□(7) ( lose / repair ) my watch　私の腕時計を修理する

□(8) ( join / decide ) a club　クラブに加わる



おぼえていなかった単語は**単語帳 16 ページ**にもどって，もういちど確認しよう。

とてもよく出る単語

# 動詞④

## 1 次の単語の意味をおぼえているか確認(かくにん)しましょう。

□(1) pass ～に合格する　□(2) hurt ～を傷つける

□(3) shape ～を形成する　□(4) relax くつろぐ

□(5) care 気にかける　□(6) guess ～を推測する

□(7) hold ～を開催(かいさい)する　□(8) suggest ～を提案する

ヒント
★～を提案する　★～に合格する　★気にかける　★～を推測する
★くつろぐ　★～を開催(かいさい)する　★～を傷つける　★～を形成する

## 2 日本語に合うように，＿＿にあてはまる単語を答えましょう。

□(1) bake bread　パンを焼く

□(2) surprise everyone　みんなを驚(おどろ)かせる

□(3) create new value　新しい価値を生み出す

□(4) mind what she said　彼女(かのじょ)が言ったことを気にする

□(5) invite friends to the party　友人をパーティーに招待する

□(6) volunteer at the hospital　病院でボランティアをする

□(7) return from a trip　旅行から帰る

□(8) allow you to go to the concert

あなたがコンサートに行くのを許す

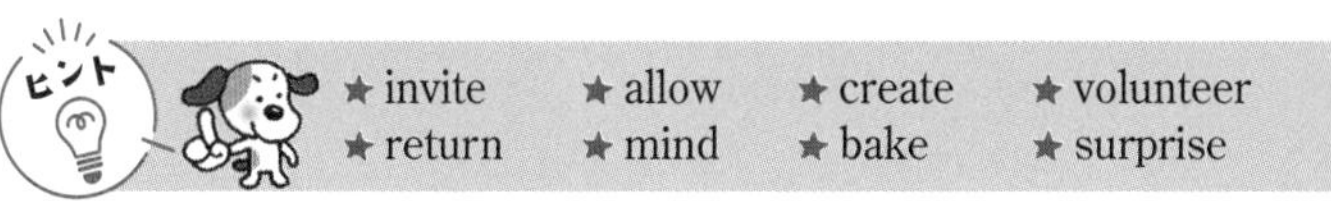


おぼえていなかった単語は**単語帳 18 ページ**にもどって，もういちど確認しよう。

# 5 とてもよく出る単語 動詞⑤

**1** 次の単語の意味をおぼえているか確認(かくにん)しましょう。

□(1) solve ～を解決する　□(2) collect ～を集める

□(3) drop ～を落とす　□(4) forget ～を忘れる

□(5) wish ～を願う　□(6) believe ～を信じる

□(7) produce ～を生産する　□(8) promise ～を約束する

★～を集める　★～を信じる　★～を落とす　★～を生産する
★～を願う　★～を忘れる　★～を約束する　★～を解決する

**2** 日本語に合うように，(　　)内の適する単語を選びましょう。

□(1) ( serve / have ) drinks to guests　客に飲み物を出す

□(2) ( keep / damage ) your health　あなたの健康に害を与(あた)える

□(3) ( face / cause ) a food crisis　食糧危機(しょくりょうきき)に直面する

□(4) ( call / offer ) him a job　彼(かれ)に仕事を提供する

□(5) ( ask / wonder ) if it is true　それが本当だろうかと思う

□(6) ( remember / leave ) this place　この場所を覚えている

□(7) ( imagine / interview ) a soccer player
サッカー選手にインタビューする

□(8) ( recommend / consider ) visiting the place
その場所を訪(おとず)れることをすすめる

おぼえていなかった単語は**単語帳 20 ページ**にもどって，もういちど確認しよう。

とてもよく出る単語

# 動詞⑥

## 1 次の単語の意味をおぼえているか確認しましょう。

□(1) set　～を置く　　□(2) fill　～を満たす

□(3) hide　～を隠す　　□(4) print　～を印刷する

□(5) notice　～に気づく　　□(6) steal　～を盗む

□(7) search　捜す　　□(8) throw　～を投げる

★～に気づく　★～を置く　★～を投げる　★～を印刷する
★～を盗む　★～を満たす　★～を隠す　★捜す

## 2 日本語に合うように，____にあてはまる単語を答えましょう。

□(1) date the girl　その女の子とデートする

□(2) realize my dream　自分の夢を実現する

□(3) discover the new planet　新しい惑星を発見する

□(4) seek a stolen bike　盗まれた自転車を捜す

□(5) copy a lot of documents　多くの文書のコピーを取る

□(6) spread a map on the desk　机の上に地図を広げる

□(7) protect the natural environment　自然環境を保護する

□(8) prepare a report for the meeting
会議のための報告書を準備する

★ discover　★ protect　★ date　★ seek
★ prepare　★ spread　★ realize　★ copy

おぼえていなかった単語は**単語帳 22 ページ**にもどって，もういちど確認しよう。

7 とてもよく出る単語

# 動詞⑦

**1** 次の単語の意味をおぼえているか確認しましょう。

| | | | |
|---|---|---|---|
| □(1) warn | ～に警告する | □(2) hire | ～を雇う |
| □(3) hang | ～をつるす | □(4) hurry | 急いで行く |
| □(5) perform | ～を上演する | □(6) mean | ～を意味する |
| □(7) increase | ～を増やす | □(8) explain | ～を説明する |

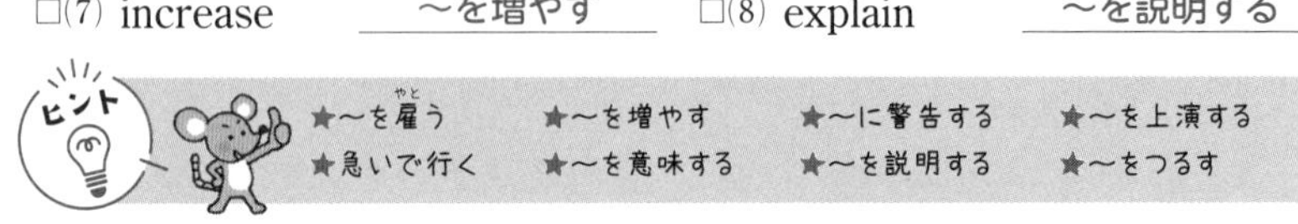


**2** 日本語に合うように，(　　)内の適する単語を選びましょう。

□(1) ( send / **deliver** ) a package 小包みを配達する

□(2) ( **recycle** / repeat ) old paper 古紙をリサイクルする

□(3) ( find / **introduce** ) myself 自己紹介する

□(4) ( **draw** / write ) a picture of flowers 花の絵を描く

□(5) ( **describe** / exhibit ) a scene 場面を描写する

□(6) ( bring / **develop** ) your skills あなたの技能を発達させる

□(7) ( guess / **express** ) your emotions あなたの感情を表現する

□(8) ( **paint** / repair ) the wall of the house 家の壁にペンキを塗る


おぼえていなかった単語は**単語帳 24 ページ**にもどって，もういちど確認しよう。

# 8 とてもよく出る単語 動詞⑧・名詞①

**1** 次の単語の意味をおぼえているか確認(かくにん)しましょう。

□(1) bottle　びん　□(2) follow　～に従う
□(3) seed　種　□(4) excuse　言い訳
□(5) control　～を管理する　□(6) clothes　衣服
□(7) announce　～を発表する　□(8) continue　～を続ける

ヒント
★～を発表する　★言い訳　★～を続ける　★種
★～に従う　★衣服　★～を管理する　★びん

**2** 日本語に合うように，____にあてはまる単語を答えましょう。

□(1) cause trouble　トラブルを引き起こす
□(2) personal information　個人情報
□(3) expect a good result　よい結果を期待する
□(4) stand by the window　窓のそばに立っている
□(5) make avocado salad　アボカドサラダを作る
□(6) reduce the use of plastics　プラスチックの使用を減らす
□(7) go shopping at a mall　ショッピングモールに買い物に行く
□(8) receive an e-mail from my friend

友人からEメールを受け取る

ヒント
★stand　★plastics　★cause　★receive
★avocado　★information　★mall　★expect

おぼえていなかった単語は**単語帳26ページ**にもどって，もういちど確認しよう。

# 9 とてもよく出る単語 名詞②

## 1 次の単語の意味をおぼえているか確認(かくにん)しましょう。

□(1) tour 旅行　　□(2) honey あなた

□(3) prize 賞　　□(4) idea 考え

□(5) flight フライト　　□(6) state 州

□(7) result 結果　　□(8) match 試合

★フライト　★あなた　★試合　★考え
★結果　★賞　★旅行　★州

## 2 日本語に合うように，____にあてはまる単語を答えましょう。

□(1) throw away the garbage　ごみを捨てる

□(2) tell him the fact　彼(かれ)に事実を話す

□(3) carry out a project　計画を実行する

□(4) make a reservation　予約する

□(5) become a firefighter　消防隊員になる

□(6) send a package by mail　小包みを郵便で送る

□(7) participate in a school event　学校行事に参加する

□(8) develop a new type of machine　新型の機械を開発する

★mail　★garbage　★event　★firefighter
★type　★project　★fact　★reservation



おぼえていなかった単語は**単語帳 28 ページ**にもどって，もういちど確認しよう。

# 10 とてもよく出る単語 名詞③

## 1 次の単語の意味をおぼえているか確認しましょう。

□(1) price 価格　□(2) space 宇宙

□(3) front 前方　□(4) chance 機会

□(5) owner 所有者　□(6) exercise 運動

□(7) neighbor 隣人　□(8) apartment アパート

ヒント
★機会　★隣人　★アパート　★価格
★宇宙　★運動　★所有者　★前方

## 2 日本語に合うように，(　　)内の適する単語を選びましょう。

□(1) go up the ( forest / hill ) 丘を登る

□(2) the hotel ( staff / guests ) ホテルのスタッフ

□(3) have a spring ( sale / festival ) 春の特売をする

□(4) order a gray ( suit / tie ) グレーのスーツを注文する

□(5) people from the local ( economy / community ) 地域社会の人々

□(6) grow fruits and ( crops / vegetables ) 果物と野菜を栽培する

□(7) protect the global ( environment / temperature ) 地球環境を守る

□(8) transfer to the sales ( company / department ) 営業部へ異動させる

おぼえていなかった単語は**単語帳 30 ページ**にもどって，もういちど確認しよう。

# 11 とてもよく出る単語 名詞④

## 1 次の単語の意味をおぼえているか確認(かくにん)しましょう。

□(1) boss 上司　　□(2) skill 技術

□(3) tool 道具　　□(4) aunt おば

□(5) flavor 味　　□(6) person 人

□(7) waiter ウェイター　　□(8) recipe レシピ

★おば　★上司　★味　★ウェイター
★道具　★技術　★人　★レシピ

## 2 日本語に合うように，____にあてはまる単語を答えましょう。

□(1) make a simple meal 簡単な食事を作る

□(2) a piece of furniture 1点の家具

□(3) talk on the smartphone スマートフォンで話す

□(4) finish reading the paper 新聞を読み終える

□(5) a passenger on a plane 飛行機の乗客

□(6) visit her grandparents 彼女(かのじょ)の祖父母を訪ねる

□(7) thirty percent of the students 生徒の30パーセント

□(8) a chef at an Italian restaurant

イタリアンレストランのシェフ

★paper　★meal　★piece　★grandparents
★percent　★chef　★passenger　★smartphone



おぼえていなかった単語は**単語帳32ページ**にもどって，もういちど確認しよう。

12 とてもよく出る単語

# 名詞⑤

**1** 次の単語の意味をおぼえているか確認しましょう。

□(1) area 地域　□(2) item 品目
□(3) form 用紙　□(4) airline 航空会社
□(5) advice 助言　□(6) gift 贈り物
□(7) insect 昆虫　□(8) theater 劇場

**2** 日本語に合うように，(　　)内の適する単語を選びましょう。

□(1) accept a ( package / purse ) 小包みを受け取る
□(2) work at a beauty ( salon / clinic ) 美容室で働く
□(3) correct a ( score / mistake ) 間違いを正す
□(4) the ( result / reason ) for his success 彼の成功の理由
□(5) meet ( customer / host ) needs 顧客のニーズを満たす
□(6) manage his ( vacation / schedule ) 彼のスケジュールを管理する
□(7) get caught in a ( signal / traffic ) jam 交通渋滞に巻き込まれる
□(8) make a ( presentation / speech ) プレゼンテーションを行う

おぼえていなかった単語は**単語帳 34 ページ**にもどって，もういちど確認しよう。

# 13 とてもよく出る単語 名詞⑥

## 1 次の単語の意味をおぼえているか確認(かくにん)しましょう。

| | | | |
|---|---|---|---|
| □(1) fan | ファン | □(2) bill | 勘定(かんじょう) |
| □(3) sign | 標識 | □(4) novel | 小説 |
| □(5) husband | 夫 | □(6) menu | メニュー |
| □(7) island | 島 | □(8) visitor | 訪問者 |

## 2 日本語に合うように，＿＿にあてはまる単語を答えましょう。

□(1) welcome a special ＿guest＿ 特別な客を迎(むか)える

□(2) a monthly ＿magazine＿ 月刊雑誌

□(3) live in the ＿woods＿ 森に住む

□(4) eat a parfait for ＿dessert＿ デザートにパフェを食べる

□(5) listen to an ＿announcement＿ お知らせを聞く

□(6) the ＿planets＿ of the solar system 太陽系の惑星(わくせい)

□(7) fill out an ＿application＿ form 申(もう)し込(こ)み用紙に記入する

□(8) leave a ＿wallet＿ on the table テーブルの上に財布(さいふ)を置き忘れる

★ wallet ★ dessert ★ magazine ★ announcement
★ guest ★ woods ★ planets ★ application

おぼえていなかった単語は**単語帳 36 ページ**にもどって，もういちど確認しよう。

# 14

とてもよく出る単語

# 名詞⑦

**1** 次の単語の意味をおぼえているか確認(かくにん)しましょう。

□(1) puppy　子犬　　□(2) actor　俳優

□(3) score　得点　　□(4) article　記事

□(5) flag　旗　　□(6) police　警察

□(7) activity　活動　　□(8) manager　管理者

**2** 日本語に合うように，(　　)内の適する単語を選びましょう。

□(1) a baseball ( player / (coach) )　野球のコーチ

□(2) a college ( (professor) / student )　大学教授

□(3) an ( (expert) / adviser ) in science　科学の専門家

□(4) tell you a ( (secret) / rule )　あなたに秘密を言う

□(5) get a driver's ( record / (license) )　運転免許(うんてんめんきょ)を取る

□(6) an economic ( operator / (researcher) )　経済学の研究者

□(7) play a musical ( (instrument) / drama )　楽器を演奏する

□(8) talk about a new ( campaign / (business) )　新しい仕事について話す

おぼえていなかった単語は**単語帳 38 ページ**にもどって，もういちど確認しよう。

# 15 とてもよく出る単語 名詞⑧

## 1 次の単語の意味をおぼえているか確認(かくにん)しましょう。

□(1) rest 休み　　□(2) fee 料金
□(3) oven オーブン　　□(4) amount 量
□(5) button ボタン　　□(6) trouble トラブル
□(7) Internet インターネット　　□(8) disease 病気

## 2 日本語に合うように，(　　)内の適する単語を選びましょう。

□(1) lose ( **weight** / power ) 体重を減らす
□(2) have a ( meal / **snack** ) 軽食をとる
□(3) take cold ( **medicine** / therapy ) 風邪薬(かぜぐすり)を飲む
□(4) obey the ( advice / **rules** ) 規則を守る
□(5) cost twenty ( bills / **dollars** ) 20ドルかかる
□(6) meet at the main ( **entrance** / theater ) 正面の入り口で会う
□(7) go in the wrong ( **direction** / number ) 間違(まちが)った方向に行く
□(8) pay ( respect / **attention** ) to his advice 彼(かれ)の助言に注意を払(はら)う



おぼえていなかった単語は**単語帳40ページ**にもどって，もういちど確認しよう。

# 16 とてもよく出る単語 名詞⑨

**1** 次の単語の意味をおぼえているか確認しましょう。

□(1) land　土地　　□(2) grass　芝生

□(3) future　将来　　□(4) product　製品

□(5) stomach　腹　　□(6) service　サービス

□(7) nature　自然　　□(8) laundry　洗濯

★将来　★腹　★自然　★サービス
★洗濯　★芝生　★製品　★土地

**2** 日本語に合うように，＿＿にあてはまる単語を答えましょう。

□(1) join an orchestra　オーケストラに入る

□(2) have good luck　運がいい

□(3) a wonderful invention　すばらしい発明品

□(4) the latest fashion　最新の流行

□(5) take an elevator　エレベーターに乗る

□(6) go to a clothing store　衣料品店に行く

□(7) hold a charity concert　慈善コンサートを開催する

□(8) cheer for our teammates　私たちのチームメイトを応援する

★luck　★elevator　★charity　★orchestra
★fashion　★clothing　★invention　★teammates

おぼえていなかった単語は**単語帳 42 ページ**にもどって，もういちど確認しよう。

# 17 とてもよく出る単語 名詞⑩

## 1 次の単語の意味をおぼえているか確認(かくにん)しましょう。

□(1) section 節　　□(2) credit クレジット

□(3) gate 門　　□(4) engine エンジン

□(5) receipt レシート　　□(6) race 競走

□(7) million 100万　　□(8) matter 問題

## 2 日本語に合うように，____にあてはまる単語を答えましょう。

□(1) pay in cash 現金で支払(しはら)う

□(2) a famous spot 有名な場所

□(3) a vast desert 広大な砂漠(さばく)

□(4) take the wheel (自動車の)ハンドルを握(にぎ)る

□(5) work on a farm 農場で働く

□(6) research on the history 歴史の研究

□(7) go to the aquarium 水族館に行く

□(8) live in the countryside 田舎(いなか)で暮らす

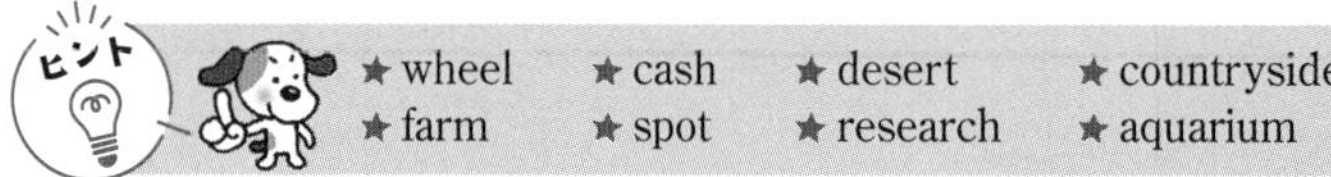


おぼえていなかった単語は**単語帳44ページ**にもどって，もういちど確認しよう。

# 18 とてもよく出る単語 名詞⑪

**1** 次の単語の意味をおぼえているか確認（かくにん）しましょう。

□(1) pair　1組　□(2) math　数学

□(3) topic　話題　□(4) culture　文化

□(5) chemistry　化学　□(6) president　大統領

□(7) beginner　初心者　□(8) emergency　緊急事態（きんきゅうじたい）

ヒント
★数学　★1組　★初心者　★化学
★文化　★話題　★緊急事態（きんきゅうじたい）　★大統領

**2** 日本語に合うように，（　）内の適する単語を選びましょう。

□(1) raise a ( (kid) / hand ) 子どもを育てる

□(2) achieve my ( future / (goal) ) 私の目標を達成する

□(3) ask you a ( (favor) / question ) あなたにお願いをする

□(4) give a live ( lecture / (performance) ) 生演奏を行う

□(5) a free ( (parking) / driving ) lot 無料駐車場（むりょうちゅうしゃじょう）

□(6) make a great ( (discovery) / success ) 大発見をする

□(7) the ( top / (bottom) ) of the web page ウェブページの下部

□(8) think about the ( value / (convenience) ) of life

生活の利便性について考える

おぼえていなかった単語は**単語帳 46 ページ**にもどって，もういちど確認しよう。

# 19 とてもよく出る単語 形容詞①

**1** 次の単語の意味をおぼえているか確認(かくにん)しましょう。

□(1) local 地元の　□(2) male 男性の

□(3) special 特別な　□(4) close 親密な

□(5) enough 十分な　□(6) other ほかの

□(7) human 人間の　□(8) difficult 困難な

★男性の　★人間の　★親密な　★地元の
★特別な　★ほかの　★困難な　★十分な

**2** 日本語に合うように，____にあてはまる単語を答えましょう。

□(1) a ____female____ employee 女性の社員

□(2) only a ____few____ people ごく少数の人々

□(3) ____another____ cup of tea もう一杯(いっぱい)のお茶

□(4) sing my ____favorite____ song 私のお気に入りの歌を歌う

□(5) prepare a ____delicious____ meal とてもおいしい食事を準備する

□(6) play with a ____friendly____ dog 人なつっこいイヌと遊ぶ

□(7) people from ____different____ countries いろいろな国の人々

□(8) discuss an ____important____ issue 重要な問題について話し合う

★ few　★ another　★ delicious　★ friendly
★ female　★ different　★ favorite　★ important



おぼえていなかった単語は**単語帳 48 ページ**にもどって，もういちど確認しよう。

# 20 とてもよく出る単語 形容詞②

**1** 次の単語の意味をおぼえているか確認(かくにん)しましょう。

□(1) true　本当の　　□(2) own　自分自身の
□(3) past　過去の　　□(4) safe　安全な
□(5) foreign　外国の　　□(6) present　現在の
□(7) careful　注意深い　　□(8) beautiful　美しい

ヒント
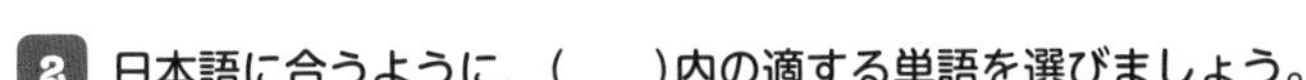
★外国の　★美しい　★本当の　★自分自身の
★現在の　★過去の　★注意深い　★安全な

**2** 日本語に合うように，(　　)内の適する単語を選びましょう。

□(1) use a ( clean / **dry** ) towel　乾(かわ)いたタオルを使う
□(2) a ( **dangerous** / crowded ) area　危険な地域
□(3) a ( **strong** / light ) wind　強い風
□(4) the ( **central** / old ) part of the city　市の中心部
□(5) He is ( tired / **afraid** ) of the dark.　彼(かれ)は暗闇(くらやみ)を怖(こわ)がっている。
□(6) ( **traditional** / modern ) Japanese culture　伝統的な日本文化
□(7) have a ( hard / **wonderful** ) time　すばらしい時間を過ごす
□(8) These services are ( convenient / **available** ).
これらのサービスが利用できる。

おぼえていなかった単語は**単語帳 50 ページ**にもどって，もういちど確認しよう。

## 21 とてもよく出る単語 形容詞③

**1** 次の単語の意味をおぼえているか確認(かくにん)しましょう。

□(1) wild 野生の　□(2) similar 同様の
□(3) extra 追加の　□(4) several いくつかの
□(5) perfect 完全な　□(6) cheap 安い
□(7) common 共通の　□(8) healthy 健康によい

★野生の　★安い　★同様の　★健康によい
★追加の　★完全な　★共通の　★いくつかの

**2** 日本語に合うように，(　　)内の適する単語を選びましょう。

□(1) feel ( lonely / lucky ) 寂(さび)しく感じる
□(2) sing in a ( loud / clear ) voice 大きい声で歌う
□(3) use ( raw / fresh ) vegetables 新鮮(しんせん)な野菜を使う
□(4) fish in the ( main / wide ) river 広い川で釣(つ)りをする
□(5) an ( expensive / important ) bag 高価なかばん
□(6) eat ( local / spicy ) food 香辛料(こうしんりょう)の効いている食べ物を食べる
□(7) schedule a ( regular / annual ) meeting 定例会議を予定する
□(8) live in a ( sustainable / comfortable ) house 快適な家に住む

おぼえていなかった単語は**単語帳 52 ページ**にもどって，もういちど確認しよう。

# 22 とてもよく出る単語 形容詞④

## 1 次の単語の意味をおぼえているか確認(かくにん)しましょう。

| | | | |
|---|---|---|---|
| □(1) public | 公立の | □(2) ancient | 古代の |
| □(3) whole | 全体の | □(4) usual | いつもの |
| □(5) modern | 現代の | □(6) recent | 最近の |
| □(7) native | 母国の | □(8) nearby | 近くの |

★最近の ★全体の ★近くの ★古代の
★公立の ★いつもの ★母国の ★現代の

## 2 日本語に合うように，____にあてはまる単語を答えましょう。

□(1) a national holiday 国民の祝日

□(2) a boring lecture 退屈(たいくつ)な講義

□(3) a huge rock 巨大(きょだい)な岩

□(4) make a final decision 最終決定を行う

□(5) an excellent performer 優(すぐ)れた演奏者

□(6) the least amount of data 最も少ない量のデータ

□(7) get nervous before a job interview 就職面接の前に緊張(きんちょう)する

□(8) many kinds of colorful flowers 多くの種類の色鮮(いろあざ)やかな花

★ least ★ national ★ huge ★ excellent
★ colorful ★ boring ★ nervous ★ final


おぼえていなかった単語は**単語帳 54 ページ**にもどって，もういちど確認しよう。

# 23 とてもよく出る単語 形容詞⑤・副詞①

**1** 次の単語の意味をおぼえているか確認(かくにん)しましょう。

□(1) quiet 静かな　□(2) bright 明るい
□(3) though でも　□(4) instead その代わりに
□(5) possible 可能な　□(6) probably 多分
□(7) outdoor アウトドアの　□(8) actually 実際は

ヒント
★多分　★静かな　★その代わりに　★実際は
★アウトドアの　★可能な　★明るい　★でも

**2** 日本語に合うように，(　　)内の適する単語を選びましょう。

□(1) play ( afterward / outside ) 外で遊ぶ
□(2) see a ( scary / funny ) movie 怖(こわ)い映画を見る
□(3) sit on ( another / either ) side どちらかの側に座る
□(4) enjoy a ( full / sunny ) day よく晴れた日を楽しむ
□(5) ( Even / Only ) a child knows it. 子どもでさえそれを知っている。
□(6) open the box and look ( ahead / inside ) 箱を開けて中を見る
□(7) ( However / Usually ), she helped me.
しかしながら，彼女(かのじょ)は私を助けてくれた。
□(8) a ( quick / convenient ) way to visit Tokyo
東京を訪(おとず)れるのに便利な方法


おぼえていなかった単語は**単語帳 56 ページ**にもどって，もういちど確認しよう。

# 24 とてもよく出る単語 副詞②

## 1 次の単語の意味をおぼえているか確認(かくにん)しましょう。

□(1) once 一度　□(2) easily 簡単に

□(3) far 遠くに　□(4) recently 最近

□(5) straight まっすぐに　□(6) later あとで

□(7) certainly 確かに　□(8) quickly 急いで

★急いで　★遠くに　★簡単に　★まっすぐに
★確かに　★あとで　★一度　★最近

## 2 日本語に合うように，____にあてはまる単語を答えましょう。

□(1) move forward 前へ進む

□(2) go to bed early 早く就寝(しゅうしん)する

□(3) sell books online オンラインで本を売る

□(4) leave now anyway とにかく今出発する

□(5) eat less and move more より少なく食べ，より多く動く

□(6) forget everything else そのほかすべてのことを忘れる

□(7) almost miss a bus もう少しでバスに乗(の)り遅(おく)れる

□(8) an item that has not been delivered yet まだ配達されていない商品

★ less　★ almost　★ forward　★ online
★ yet　★ anyway　★ early　★ else

おぼえていなかった単語は**単語帳 58 ページ**にもどって，もういちど確認しよう。

# 25 とてもよく出る単語 副詞③・前置詞・接続詞・助動詞

**1** 次の単語の意味をおぼえているか確認しましょう。

□(1) fast 速く　□(2) through ～を通じて

□(3) lately 最近　□(4) luckily 運よく

□(5) finally ついに　□(6) nowadays 近ごろは

□(7) without ～なしで[の]　□(8) therefore それゆえに

★速く　★運よく　★～なしで[の]　★ついに
★最近　★近ごろは　★～を通じて　★それゆえに

**2** 日本語に合うように，＿＿にあてはまる単語を答えましょう。

□(1) might be late　遅れるかもしれない

□(2) go downtown　町の中心部へ行く

□(3) I don't want to go anywhere.　私はどこへも行きたくない。

□(4) sit wherever you like　どこでも好きな所に座る

□(5) We can't wait anymore.　私たちはこれ以上待つことはできない。

□(6) live somewhere in New York　ニューヨークのどこかに住む

□(7) Please come whenever you like.
好きなときにいつでも来てください。

□(8) He came to see me while I was out.
私が出かけている間に，彼は私を訪ねてきた。

★ while　★ whenever　★ wherever　★ somewhere
★ might　★ anymore　★ downtown　★ anywhere



おぼえていなかった単語は**単語帳 60 ページ**にもどって，もういちど確認しよう。

# 26 よく出る単語 動詞①

**1** 次の単語の意味をおぼえているか確認しましょう。

□(1) die　死ぬ
□(2) tie　～を結ぶ
□(3) gain　～を得る
□(4) quit　～をやめる
□(5) climb　～を登る
□(6) stretch　～を伸ばす
□(7) include　～を含む
□(8) marry　～と結婚する

ヒント ★～を含む　★～をやめる　★～を伸ばす　★～と結婚する　★死ぬ　★～を結ぶ　★～を登る　★～を得る

**2** 日本語に合うように，(　　)内の適する単語を選びましょう。

□(1) ( form / (bear) ) the pain　痛みに耐える
□(2) ( (bite) / pick ) an apple　リンゴをかじる
□(3) ( (record) / carry ) a message　メッセージを記録する
□(4) ( share / (feed) ) my cat　私のネコに食べ物を与える
□(5) ( fix / (improve) ) the quality of life　生活の質を改善する
□(6) ( touch / (fit) ) the buttonhole　ボタン穴にぴったり合う
□(7) ( (attract) / welcome ) a lot of tourists　多くの観光客を引きつける
□(8) ( (remove) / throw ) weeds from the garden　庭から雑草を取り除く

おぼえていなかった単語は**単語帳 64 ページ**にもどって，もういちど確認しよう。

27 よく出る単語
# 動詞②

## 1 次の単語の意味をおぼえているか確認しましょう。

□(1) lay　～を置く
□(2) prefer　～を好む
□(3) cheer　～を励ます
□(4) measure　～を測定する
□(5) attend　～に出席する
□(6) shake　～を振る
□(7) block　～をふさぐ
□(8) guard　～を守る

★～を守る　★～を置く　★～に出席する　★～を励ます
★～を振る　★～を好む　★～を測定する　★～をふさぐ

## 2 日本語に合うように，____にあてはまる単語を答えましょう。

□(1) lock the door　ドアにかぎをかける
□(2) chat with them　彼らとおしゃべりする
□(3) invent a new device　新しい装置を発明する
□(4) hunt for a new job　新しい仕事を探し求める
□(5) celebrate her birthday　彼女の誕生日を祝う
□(6) weigh myself every day　毎日私の体重を量る
□(7) decorate the room with flowers　花で部屋を飾る
□(8) The news may upset him.
その知らせは彼を動揺させるかもしれない。

★ chat　★ upset　★ weigh　★ invent
★ hunt　★ lock　★ decorate　★ celebrate




おぼえていなかった単語は**単語帳 66 ページ**にもどって，もういちど確認しよう。

28

よく出る単語
# 動詞③

**1** 次の単語の意味をおぼえているか確認しましょう。

□(1) pack ～を詰め込む　□(2) sail 航海する
□(3) wrap ～を包む　□(4) advise ～に助言[忠告]する
□(5) gather ～を集める　□(6) compete 競争する
□(7) major 専攻する　□(8) guide ～を案内する

ヒント
★競争する　★～を包む　★～を案内する　★～を集める
★専攻する　★航海する　★～に助言[忠告]する　★～を詰め込む

**2** 日本語に合うように，(　　)内の適する単語を選びましょう。

□(1) ( confuse / ignore ) the twins　双子を混同する
□(2) ( pray / apply ) for a visa　ビザを申し込む
□(3) ( pick / combine ) two hints　2つのヒントを結びつける
□(4) ( earn / spend ) a lot of money　たくさんのお金を稼ぐ
□(5) ( waste / kill ) time at a café　喫茶店で時間をつぶす
□(6) ( hug / lift ) the girl tightly　強く少女を抱き締める
□(7) ( contact / check ) her by e-mail　Eメールで彼女と連絡をとる
□(8) ( respond / communicate ) with the neighbors
隣人たちとコミュニケーションをとる

おぼえていなかった単語は**単語帳68ページ**にもどって，もういちど確認しよう。

29 よく出る単語
# 動詞④

## 1 次の単語の意味をおぼえているか確認しましょう。

□(1) fight 戦う　□(2) connect ～をつなぐ

□(3) avoid ～を避ける　□(4) pour ～を注ぐ

□(5) rescue ～を救助する　□(6) support ～を支える

□(7) translate ～を翻訳する　□(8) display ～を展示する

ヒント ★～を避ける ★～を支える ★～を展示する ★戦う ★～を注ぐ ★～を救助する ★～をつなぐ ★～を翻訳する

## 2 日本語に合うように，____にあてはまる単語を答えましょう。

□(1) hate tomatoes トマトをひどく嫌う

□(2) publish a novel 小説を出版する

□(3) grill fish 魚を焼き網で焼く

□(4) bother my parents 自分の両親を悩ませる

□(5) accept a present 贈り物を受け取る

□(6) remind me of my childhood 私に子ども時代を思い出させる

□(7) balance work and private life 仕事と私生活のバランスをとる

□(8) discuss our plans for this summer

この夏の自分たちの計画について話し合う

ヒント ★grill ★accept ★bother ★discuss ★hate ★remind ★balance ★publish



おぼえていなかった単語は**単語帳 70 ページ**にもどって，もういちど確認しよう。

# 30 よく出る単語 動詞⑤

## 1 次の単語の意味をおぼえているか確認しましょう。

□(1) wave　手を振る
□(2) exhibit　～を展示する
□(3) touch　～に触れる
□(4) handle　～を扱う
□(5) agree　賛成する
□(6) supply　～を供給する
□(7) hit　～を打つ
□(8) reduce　～を減らす

★～を供給する　★手を振る　★～を打つ　★～を展示する
★～を扱う　★～に触れる　★～を減らす　★賛成する

## 2 日本語に合うように，____にあてはまる単語を答えましょう。

□(1) surf the Internet　インターネットを見て回る
□(2) treat patients　患者を治療する
□(3) consider the situation　状況をよく考える
□(4) delay the team meeting　チーム会議を延期する
□(5) contain a lot of vegetables　多くの野菜を含む
□(6) escape from reality　現実から逃げる
□(7) mention the results of the test　試験の結果に言及する
□(8) provide information for them　彼らに情報を提供する

★ escape　★ contain　★ surf　★ provide
★ mention　★ delay　★ treat　★ consider

おぼえていなかった単語は**単語帳 72 ページ**にもどって，もういちど確認しよう。

# 31 よく出る単語 動詞⑥

## 1 次の単語の意味をおぼえているか確認しましょう。

□(1) divide　～を分ける　　□(2) melt　溶ける

□(3) march　行進する　　□(4) act　行動する

□(5) complain　不平を言う　　□(6) skip　～を抜かす

□(7) imagine　～を想像する　　□(8) trust　～を信用[信頼]する

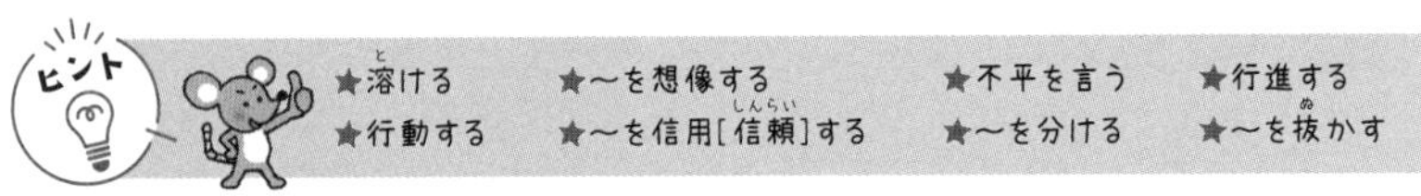


## 2 日本語に合うように，(　　)内の適する単語を選びましょう。

□(1) ( ignore / follow ) his advice　彼の助言を無視する

□(2) ( allow / manage ) a store　店を経営する

□(3) ( release / turn ) the birds　鳥を解放する

□(4) ( review / assign ) today's lesson　今日の授業を復習する

□(5) ( remind / recognize ) him in the street　通りで彼を認識する

□(6) ( access / establish ) a network　ネットワークにアクセスする

□(7) ( download / develop ) software　ソフトウェアをダウンロードする

□(8) ( propose / admit ) that I was wrong　私が間違っていたことを認める



おぼえていなかった単語は**単語帳 74 ページ**にもどって，もういちど確認しよう。

32

よく出る単語
# 動詞⑦

## 1 次の単語の意味をおぼえているか確認（かくにん）しましょう。

□(1) lead ～を導く
□(2) suffer 苦しむ
□(3) vote 投票する
□(4) lie うそをつく
□(5) recover 回復する
□(6) prove ～を証明する
□(7) request ～を要請（ようせい）する
□(8) crash 衝突（しょうとつ）する

★～を導く ★回復する ★投票する ★～を要請（ようせい）する
★苦しむ ★うそをつく ★衝突（しょうとつ）する ★～を証明する

## 2 日本語に合うように，＿＿にあてはまる単語を答えましょう。

□(1) complete our task 私たちの仕事を終わらせる
□(2) apologize to my colleague 同僚（どうりょう）に謝（あやま）る
□(3) flash in the dark sky 暗い空にぴかっと光る
□(4) stick meat with a fork フォークで肉を突（つ）き刺（さ）す
□(5) survive the car accident 自動車事故を生き残る
□(6) participate in a conference 会議に参加する
□(7) arrange a business meeting ビジネス会議を取り決める
□(8) establish an international organization 国際組織を設立する

★ stick ★ arrange ★ complete ★ establish
★ flash ★ survive ★ apologize ★ participate

おぼえていなかった単語は**単語帳 76 ページ**にもどって，もういちど確認しよう。

# 33 よく出る単語 動詞⑧・名詞①

**1** 次の単語の意味をおぼえているか確認(かくにん)しましょう。

□(1) sink 沈む(しず)　□(2) pain 痛み
□(3) method 方法　□(4) shelf 棚(たな)
□(5) consist 成る　□(6) raise ～を育てる
□(7) success 成功　□(8) address 住所

ヒント
★方法　★痛み　★成功　★～を育てる
★成る　★住所　★沈む(しず)　★棚(たな)

**2** 日本語に合うように，(　　)内の適する単語を選びましょう。

□(1) ( blow / burst ) hard　激しく(風が)吹(ふ)く
□(2) ( explore / create ) the forest　森を探検する
□(3) install the ( system / equipment )　設備を設置する
□(4) take a few ( notes / lines )　いくつか覚え書きを書く
□(5) ( seek / resemble ) your father　あなたの父親に似ている
□(6) buy a ticket at a ( discount / coupon )　チケットを割引で買う
□(7) ( accomplish / occupy ) her mission　彼女(かのじょ)の任務をやり遂(と)げる
□(8) ( recommend / promote ) a healthy lifestyle
健康的なライフスタイルを促進(そくしん)する


おぼえていなかった単語は**単語帳 78 ページ**にもどって，もういちど確認しよう。

## 34 よく出る単語 名詞②

**1** 次の単語の意味をおぼえているか確認(かくにん)しましょう。

□(1) spice スパイス　□(2) memory 記憶力(きおくりょく)
□(3) stamp 切手　□(4) bakery パン屋
□(5) cleaner 掃除機(そうじき)　□(6) salmon サケ
□(7) energy エネルギー　□(8) choice 選択(せんたく)

ヒント
★記憶力(きおくりょく)　★掃除機(そうじき)　★スパイス　★選択(せんたく)
★サケ　★パン屋　★エネルギー　★切手

**2** 日本語に合うように，(　　)内の適する単語を選びましょう。

□(1) on the ( Island / (Earth) ) 地球上で
□(2) a part-time ( (employee) / professor ) パート従業員
□(3) live in the ( countryside / (neighborhood) ) 近所に住む
□(4) run ( (amusement) / department ) facilities 娯楽施設(ごらくしせつ)を運営する
□(5) graduate from ( ceremony / (university) ) 大学を卒業する
□(6) receive ( (engineer) / operator ) training エンジニアの訓練を受ける
□(7) find the nearest ( (restroom) / location )
いちばん近いトイレを見つける
□(8) play with my dog in the ( playground / (backyard) )
裏庭で自分のイヌと遊ぶ

おぼえていなかった単語は**単語帳 80 ページ**にもどって，もういちど確認しよう。

# 35 よく出る単語 名詞③

**1** 次の単語の意味をおぼえているか確認(かくにん)しましょう。

□(1) row 列　□(2) role 役
□(3) knee 膝(ひざ)　□(4) grade 成績
□(5) image 映像　□(6) cough せき
□(7) century 1世紀　□(8) injury 負傷

★せき　★映像　★役　★成績
★負傷　★1世紀　★膝(ひざ)　★列

**2** 日本語に合うように，____にあてはまる単語を答えましょう。

□(1) accept an invitation 招待に応じる
□(2) have a sore throat のどが痛い
□(3) follow the family tradition 家族の伝統に従う
□(4) run a long distance 長距離(ちょうきょり)を走る
□(5) have a stomachache 腹痛がする
□(6) suffer from a headache 頭痛に苦しむ
□(7) have a great experience すばらしい経験をする
□(8) like reading mystery novels ミステリー小説を読むのが好きだ

★ mystery　★ throat　★ tradition　★ invitation
★ headache　★ distance　★ experience　★ stomachache



おぼえていなかった単語は**単語帳 82 ページ**にもどって，もういちど確認しよう。

# 36 よく出る単語 名詞④

## 1 次の単語の意味をおぼえているか確認しましょう。

□(1) advantage 利点　□(2) storm 嵐
□(3) castle 城　□(4) scene 場面
□(5) gallery 美術館　□(6) purpose 目的
□(7) forest 森林　□(8) climate 気候

## 2 日本語に合うように，＿＿にあてはまる単語を答えましょう。

□(1) drive on a highway 主要道路で運転する
□(2) a great view of the bay 湾のすばらしい景色
□(3) have an interest in politics 政治に興味がある
□(4) jump over the fence 柵を飛び越える
□(5) a wonderful view すばらしい眺め
□(6) the ability to speak Spanish スペイン語を話す能力
□(7) make an appointment with him 彼と会う約束をする
□(8) expand my knowledge about music 音楽についての知識を広げる

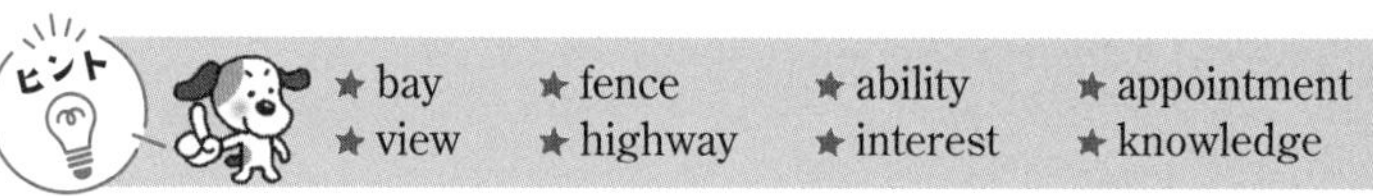


おぼえていなかった単語は**単語帳 84 ページ**にもどって，もういちど確認しよう。

よく出る単語

# 37 名詞⑤

**1** 次の単語の意味をおぼえているか確認(かくにん)しましょう。

| | | | |
|---|---|---|---|
| □(1) glove | 手袋(てぶくろ) | □(2) post | 郵便 |
| □(3) sense | 感覚 | □(4) designer | デザイナー |
| □(5) wing | 羽 | □(6) addition | 追加 |
| □(7) chemical | 化学薬品 | □(8) ceremony | 式 |

ヒント
★手袋(てぶくろ)　★羽　★郵便　★化学薬品
★追加　★感覚　★式　★デザイナー

**2** 日本語に合うように，(　　)内の適する単語を選びましょう。

□(1) have good ( taste / sight ) 視力がよい

□(2) win a ( tournament / contest ) トーナメントで勝つ

□(3) write a short ( note / poem ) 短い詩を書く

□(4) have a traffic ( jam / accident ) 交通事故にあう

□(5) remember the ( section / moment ) その瞬間(しゅんかん)を覚えている

□(6) choose a driving ( instructor / department ) 運転教習所の指導者を選ぶ

□(7) work abroad after ( introduction / graduation ) 卒業後，海外で働く

□(8) have an Internet ( connection / service ) インターネット接続がある

おぼえていなかった単語は**単語帳 86 ページ**にもどって，もういちど確認しよう。

## 38 よく出る単語 名詞⑥

**1** 次の単語の意味をおぼえているか確認(かくにん)しましょう。

□(1) clerk 事務員　□(2) cousin いとこ
□(3) middle 真ん中　□(4) screen スクリーン
□(5) nephew おい　□(6) nurse 看護師
□(7) audience 観衆　□(8) relative 親戚(しんせき)

ヒント
★おい　★いとこ　★看護師　★スクリーン
★親戚(しんせき)　★真ん中　★事務員　★観衆

**2** 日本語に合うように，(　　)内の適する単語を選びましょう。

□(1) become an ( adult / expert ) 大人になる
□(2) want to be a ( driver / diver ) 潜水士(せんすいし)になりたい
□(3) work as a public ( officer / reporter ) 公務員として働く
□(4) the ( population / welfare ) of children 子どもの人口
□(5) replace the ( display / battery ) バッテリーを交換(こうかん)する
□(6) keep a ( mall / roll ) of paper towel ペーパータオル１巻きを保管する
□(7) lose you in the ( woods / crowd ) 群衆の中であなたを見失う
□(8) apply for a job as a ( firefighter / lifeguard ) 監視員(かんしいん)の仕事に応募(おうぼ)する

おぼえていなかった単語は**単語帳 88 ページ**にもどって，もういちど確認しよう。

# 39 よく出る単語 名詞⑦

## 1 次の単語の意味をおぼえているか確認(かくにん)しましょう。

□(1) essay　レポート　□(2) author　作家

□(3) danger　危険　□(4) position　地位

□(5) strength　力　□(6) coupon　割引券

□(7) effort　努力　□(8) editor　編集者

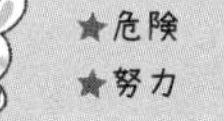

★危険　★地位　★レポート　★編集者
★努力　★力　★作家　★割引券

## 2 日本語に合うように，＿＿にあてはまる単語を答えましょう。

□(1) a local custom　地元の慣習

□(2) hire a tutor　家庭教師を雇(やと)う

□(3) make a long journey　長い旅行をする

□(4) go on an adventure　冒険(ぼうけん)に出かける

□(5) sign a document　文書に署名する

□(6) ask my assistant to help　助手に手伝うように頼(たの)む

□(7) have a conversation with my friend　友人と会話をする

□(8) a room filled with old furniture　古い家具がたくさんある部屋

★ journey　★ custom　★ assistant　★ conversation
★ furniture　★ tutor　★ document　★ adventure

おぼえていなかった単語は**単語帳 90 ページ**にもどって，もういちど確認しよう。

# 40 よく出る単語 名詞⑧

**1** 次の単語の意味をおぼえているか確認(かくにん)しましょう。

□(1) total 全体　□(2) angle 角度
□(3) lecture 講義　□(4) comment 論評
□(5) kilogram キログラム　□(6) situation 状況(じょうきょう)
□(7) spelling つづり　□(8) behavior 振(ふ)る舞(ま)い

★つづり　★全体　★状況(じょうきょう)　★キログラム
★論評　★角度　★講義　★振(ふ)る舞(ま)い

**2** 日本語に合うように，＿＿にあてはまる単語を答えましょう。

□(1) wake up at midnight 午前0時に目が覚める
□(2) conduct an experiment 実験を行う
□(3) the central government 中央政府
□(4) watch a horror movie ホラー映画を見る
□(5) address the challenge 難題に取り組む
□(6) apply the latest technology 最新の科学技術を適用する
□(7) hold an exhibition of the paintings 絵画の展覧会を開く
□(8) a restaurant with a good atmosphere よい雰囲気(ふんいき)のレストラン

★ horror　★ exhibition　★ experiment　★ atmosphere
★ midnight　★ technology　★ challenge　★ government


おぼえていなかった単語は**単語帳 92 ページ**にもどって，もういちど確認しよう。

41 よく出る単語
# 名詞⑨

## 1 次の単語の意味をおぼえているか確認(かくにん)しましょう。

□(1) fare (乗り物の)料金　□(2) coast 海岸
□(3) location 場所　□(4) avenue 大通り
□(5) sheet 1枚(の紙)　□(6) billion 10億
□(7) harvest 収穫(しゅうかく)　□(8) photograph 写真

ヒント

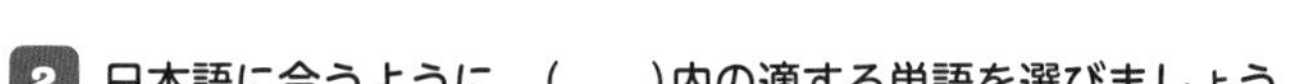


## 2 日本語に合うように，(　　)内の適する単語を選びましょう。

□(1) cross the ( track / street ) 線路を横切る
□(2) the left ( side / wing ) of the road 道路の左側
□(3) gain a large ( share / profit ) 大きな利益を得る
□(4) take your ( temperature / weight ) あなたの体温を計る
□(5) put clothes in the ( closet / drawer ) 服をクローゼットに入れる
□(6) explain the ( details / pieces ) of the plan 計画の詳細(しょうさい)を説明する
□(7) study ( economics / electronics ) at college 大学で電子工学を学ぶ
□(8) put the milk in the ( refrigerator / cabinet ) 牛乳を冷蔵庫に入れる


おぼえていなかった単語は**単語帳 94 ページ**にもどって，もういちど確認しよう。

42

よく出る単語

# 名詞⑩

## 1 次の単語の意味をおぼえているか確認(かくにん)しましょう。

□(1) statue 像　□(2) material 材料

□(3) value 価値　□(4) surface 表面

□(5) level 水準　□(6) pride 誇(ほこ)り

□(7) enemy 敵　□(8) option 選択肢(せんたくし)

## 2 日本語に合うように，(　　)内の適する単語を選びましょう。

□(1) the white ( (liquid) / solid ) 白い液体

□(2) like her ( figure / (style) ) 彼女(かのじょ)のやり方を好む

□(3) a difficult ( (decision) / question ) 難しい決心

□(4) fight for ( poverty / (freedom) ) 自由のために戦う

□(5) the ( (arrival) / departure ) of the train 電車の到着(とうちゃく)

□(6) dance to the ( (rhythm) / research ) リズムに合わせて踊(おど)る

□(7) ask for a clear ( purpose / (explanation) ) 明確な説明を求める

□(8) live in ( (harmony) / peace ) with others ほかの人々と調和して暮らす

おぼえていなかった単語は**単語帳 96 ページ**にもどって，もういちど確認しよう。

よく出る単語

# 名詞⑪

## 1 次の単語の意味をおぼえているか確認(かくにん)しましょう。

□(1) volume　音量　　□(2) debate　討論

□(3) attitude　態度　　□(4) process　過程

□(5) condition　状態　　□(6) forecast　予報

□(7) trend　傾向(けいこう)　　□(8) silence　静寂(せいじゃく)

## 2 日本語に合うように，＿＿にあてはまる単語を答えましょう。

□(1) manage your ＿task＿　あなたの仕事を管理する

□(2) make a big ＿noise＿　大きな騒音(そうおん)を立てる

□(3) conduct a public ＿survey＿　公的な調査を行う

□(4) create a large ＿object＿　大きな物体を作る

□(5) keep the ＿workplace＿ clean　職場をきれいに保つ

□(6) a scholar of Japanese ＿literature＿　日本文学の学者

□(7) organize an international ＿conference＿　国際会議を組織する

□(8) have known each other since ＿childhood＿

子どものころから知り合いである

★ noise　★ literature　★ object　★ workplace
★ survey　★ childhood　★ task　★ conference



おぼえていなかった単語は**単語帳 98 ページ**にもどって，もういちど確認しよう。

# 44 よく出る単語 名詞⑫・形容詞①

**1** 次の単語の意味をおぼえているか確認しましょう。

□(1) trap　わな　　□(2) certain　確信して

□(3) rental　賃貸料　　□(4) thin　薄い

□(5) violent　乱暴な　　□(6) shelter　避難所

□(7) praise　称賛　　□(8) helpful　有用な

★薄い　★わな　★有用な　★確信して
★乱暴な　★称賛　★避難所　★賃貸料

**2** 日本語に合うように，＿＿にあてはまる単語を答えましょう。

□(1) have a terrible cold　ひどく悪い風邪にかかっている

□(2) look scared　おびえたように見える

□(3) go up the stairs　階段を上がる

□(4) wear thick glasses　厚いめがねをかける

□(5) feel confident in my decision　私の決断に自信がある

□(6) a professional baseball player　プロの野球選手

□(7) stay in a nonsmoking room　禁煙の部屋に滞在する

□(8) introduce the new features of the device
機器の新しい特徴を紹介する

★ thick　★ features　★ terrible　★ nonsmoking
★ stairs　★ confident　★ scared　★ professional

おぼえていなかった単語は**単語帳 100 ページ**にもどって，もういちど確認しよう。

# 45 よく出る単語 形容詞②

## 1 次の単語の意味をおぼえているか確認(かくにん)しましょう。

| | | | |
|---|---|---|---|
| □(1) natural | 自然の | □(2) western | 西の |
| □(3) personal | 私的な | □(4) correct | 正しい |
| □(5) amazing | 驚(おどろ)くべき | □(6) unique | 独特の |
| □(7) serious | 重大な | □(8) daily | 日常の |

ヒント
★独特の ★私的な ★西の ★驚(おどろ)くべき
★重大な ★自然の ★日常の ★正しい

## 2 日本語に合うように，(　　)内の適する単語を選びましょう。

□(1) a ( public / (private) ) high school　私立の高校

□(2) take a ( (crowded) / free ) bus　混雑したバスに乗る

□(3) a ( (brave) / loyal ) soldier　勇敢(ゆうかん)な兵士

□(4) the ( eastern / (northern) ) part of Japan　日本の北部

□(5) speak with a ( (British) / Spanish ) accent　英国のアクセントで話す

□(6) buy a house at a ( fair / (low) ) price　低い価格で家を買う

□(7) reserve a ( (double) / single ) room　２人用の部屋を予約する

□(8) play a ( (key) / close ) role in the musical

ミュージカルで重要な役を演じる

おぼえていなかった単語は**単語帳 102 ページ**にもどって，もういちど確認しよう。

# 46 よく出る単語 形容詞③

**1** 次の単語の意味をおぼえているか確認(かくにん)しましょう。

| | | | |
|---|---|---|---|
| □(1) empty | 空(から)の | □(2) absent | 欠席の |
| □(3) asleep | 眠(ねむ)って | □(4) strange | 奇妙(きみょう)な |
| □(5) dirty | 汚(よご)れた | □(6) equal | 平等な |
| □(7) tough | 困難な | □(8) valuable | 貴重な |

**2** 日本語に合うように，(　　)内の適する単語を選びましょう。

□(1) look ( excited / **pleased** ) 喜んでいるように見える

□(2) feel ( sure / **proud** ) of you あなたを誇(ほこ)りに感じる

□(3) keep ( **alive** / quiet ) 生き続ける

□(4) a ( **familiar** / strange ) scene よく知られた光景

□(5) have a ( huge / **sore** ) muscle 筋肉痛になる

□(6) stay ( **awake** / safe ) all night 一晩中目を覚ましている

□(7) make me feel ( tired / **disappointed** ) 私をがっかりさせる

□(8) use a ( **laptop** / mobile ) computer

ラップトップのコンピューターを使う

おぼえていなかった単語は**単語帳 104 ページ**にもどって，もういちど確認しよう。

# 47 よく出る単語 形容詞④

**1** 次の単語の意味をおぼえているか確認(かくにん)しましょう。

□(1) worth 価値がある　□(2) basic 基本的な
□(3) medical 医学の　□(4) round 丸い
□(5) main 主な　□(6) fantastic すばらしい
□(7) exact 正確な　□(8) square 正方形の

ヒント ★主な ★医学の ★正確な ★すばらしい ★丸い ★基本的な ★正方形の ★価値がある

**2** 日本語に合うように，＿＿にあてはまる単語を答えましょう。

□(1) have no particular reason 特別の理由はない
□(2) say in a calm voice 落ち着いた声で言う
□(3) my dear friend 私の親愛なる友人
□(4) prepare necessary things 必要なものを準備する
□(5) walk on a narrow street 狭(せま)い通りを歩く
□(6) become aware of this problem この問題に気づく
□(7) negative effects on climate change 気候変動へのマイナスの効果
□(8) The child is curious about many things. その子どもは多くのことについて好奇心(こうきしん)が強い。

ヒント ★curious ★dear ★aware ★particular ★negative ★calm ★narrow ★necessary



おぼえていなかった単語は**単語帳 106 ページ**にもどって，もういちど確認しよう。

# 48 よく出る単語 形容詞⑤・副詞①

**1** 次の単語の意味をおぼえているか確認(かくにん)しましょう。

□(1) salty　塩辛(しおから)い　　□(2) roast　焼いた

□(3) clearly　はっきりと　　□(4) rather　かなり

□(5) formal　公式の　　□(6) anytime　いつでも

□(7) sweet　甘(あま)い　　□(8) ahead　前方に

★かなり　★甘(あま)い　★公式の　★焼いた
★塩辛(しおから)い　★前方に　★いつでも　★はっきりと

**2** 日本語に合うように，____にあてはまる単語を答えましょう。

□(1) live upstairs　2階で暮らす

□(2) travel alone　1人で旅行する

□(3) go there sometime　いつかそこに行く

□(4) cry very loudly　とても大声で泣く

□(5) drive carefully　注意深く運転する

□(6) leave the place suddenly　突然(とつぜん)その場所を去る

□(7) feel responsible for the result　結果に責任を感じる

□(8) a suitable person for this position　この地位に適した人

★ suitable　★ loudly　★ sometime　★ responsible
★ upstairs　★ alone　★ suddenly　★ carefully

おぼえていなかった単語は**単語帳 108 ページ**にもどって，もういちど確認しよう。

# 49 よく出る単語 副詞②

**1** 次の単語の意味をおぼえているか確認(かくにん)しましょう。

□(1) further さらに　□(2) exactly 正確に
□(3) quite とても　□(4) originally もともと
□(5) nearly ほとんど　□(6) sincerely 心から
□(7) abroad 海外で[に]　□(8) physically 身体的に

★心から　★ほとんど　★さらに　★もともと
★とても　★海外で[に]　★正確に　★身体的に

**2** 日本語に合うように，(　　)内の適する単語を選びましょう。

□(1) bow ( deeply / slightly ) 深くおじぎする
□(2) rain ( heavily / suddenly ) 激しく雨が降る
□(3) put the book ( back / aside ) 本をわきへ置く
□(4) ( hardly / never ) eat anything ほとんど何も食べない
□(5) ( accidentally / certainly ) break a cup うっかりカップを割る
□(6) call you back ( afterward / immediately ) 直ちにあなたに電話をかけ直す
□(7) ( actually / currently ) live with my parents 現在のところ両親と一緒(いっしょ)に住んでいる
□(8) ( Perhaps / Anyway ) the story is true. もしかするとその話は本当かもしれない。



おぼえていなかった単語は**単語帳 110 ページ**にもどって，もういちど確認しよう。

# 50 よく出る単語 副詞③・前置詞・接続詞・代名詞

**1** 次の単語の意味をおぼえているか確認(かくにん)しましょう。

□(1) above ～の上に　□(2) mostly 主として
□(3) below ～より下に　□(4) moreover さらに
□(5) behind ～の後ろに　□(6) frankly 率直(そっちょく)に
□(7) especially 特に　□(8) separately 別々に

★主として　★特に　★～より下に　★別々に
★～の上に　★率直(そっちょく)に　★～の後ろに　★さらに

**2** 日本語に合うように，＿＿にあてはまる単語を答えましょう。

□(1) against the war 戦争に反対して
□(2) do whatever you like あなたが好きなことは何でもする
□(3) finish the job eventually ついに仕事を終える
□(4) know neither of them 彼(かれ)らのどちらも知らない
□(5) get up early every day except Sunday
日曜日を除いて毎日早く起きる
□(6) welcome whoever comes here ここに来る人はだれでも歓迎(かんげい)する
□(7) You'll miss the train unless you run.
あなたが走らない限り電車に乗(の)り遅(おく)れるだろう。
□(8) Although it was cold, I went out.
寒かったけれども，私は出かけた。

★ whatever　★ neither　★ unless　★ eventually
★ whoever　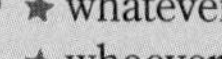★ although　★ except　★ against

おぼえていなかった単語は**単語帳 112 ページ**にもどって，もういちど確認しよう。

51

とてもよく出る熟語

# 動詞の働きをする熟語①

**1** 次の熟語の意味をおぼえているか確認(かくにん)しましょう。

□(1) come up with ～ ～を思いつく

□(2) look up ～ ～を調べる

□(3) put on ～ ～を着る

□(4) used to *do* 以前は～だった

□(5) graduate from ～ ～を卒業する

□(6) pay for ～ ～の費用を払(はら)う

□(7) take care of ～ ～の世話をする

□(8) keep on *doing* ～し続ける

★～を卒業する ★～を調べる ★以前は～だった
★～の費用を払(はら)う ★～し続ける ★～を思いつく
★～を着る ★～の世話をする

**2** ＿＿に単語をあてはめて熟語を完成させましょう。

□(1) You don't have to be worried about the problem.
あなたはその問題を心配する必要はありません。

□(2) I found out where the safe key was.
私は金庫のかぎがどこにあるのかを見つけ出した。

□(3) Those flowers will come out soon.
あれらの花はまもなく咲(さ)くだろう。

□(4) I help her to clean the room.
私は彼女(かのじょ)が部屋を掃除(そうじ)するのを助ける。

□(5) I sometimes look after my little sister.
私はときどき妹の世話をする。

□(6) I helped you with your homework.
私はあなたの宿題を手伝った。



おぼえていなかった熟語は**単語帳 116 ページ**にもどって，もういちど確認しよう。

52

とてもよく出る熟語

# 動詞の働きをする熟語②

**1** 次の熟語の意味をおぼえているか確認(かくにん)しましょう。

| | |
|---|---|
| □(1) hear from ～ | ～から連絡(れんらく)を受ける |
| □(2) fall asleep | 寝入(ねい)る |
| □(3) ask for ～ | ～を求める |
| □(4) make a reservation | 予約する |
| □(5) fill out ～ | ～に記入する |
| □(6) work for ～ | ～で働く |
| □(7) take a break | 休憩(きゅうけい)する |
| □(8) apply for ～ | ～に応募(おうぼ)する |

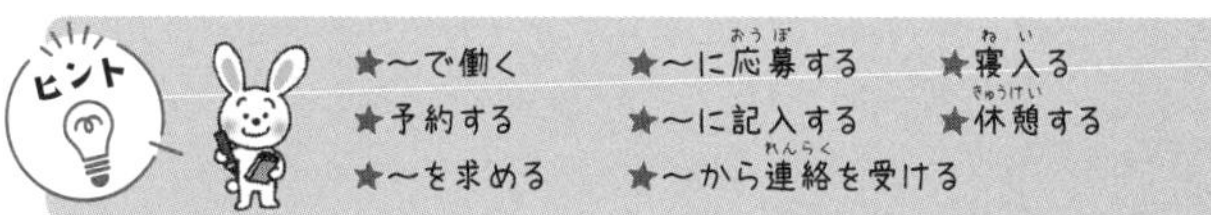


**2** 日本語に合うように，(　　)内の適する熟語を答えましょう。

□(1) We'll ( clear up / set up ) a new company.
私たちは新しい会社を設立するつもりだ。

□(2) Did you ( do well / get well ) on the exam?
あなたはテストでうまくいきましたか。

□(3) Please be careful not to ( make a mistake / make a noise ).
間違(まちが)えないように気をつけてください。

□(4) The concert is going to ( come out / take place ) this spring.
コンサートは今年の春に行われる予定だ。

□(5) Please ( be sure to lock / be free to lock ) the door.
ドアに必ずかぎをかけてください。

□(6) I decided to ( take part in / take care of ) a volunteer activity.
私はボランティア活動に参加することに決めた。

おぼえていなかった熟語は**単語帳 118 ページ**にもどって，もういちど確認しよう。

53 とてもよく出る熟語

# 動詞の働きをする熟語③

**1** 次の熟語の意味をおぼえているか確認しましょう。

□(1) put down ～　～を書き留める

□(2) catch up with ～　～に追いつく

□(3) get married to ～　～と結婚する

□(4) be based on ～　～に基づいている

□(5) be similar to ～　～と似ている

□(6) participate in ～　～に参加する

□(7) come across ～　～をふと見つける

□(8) be made from ～　～で作られている

★～と似ている　★～に参加する　★～に追いつく
★～と結婚する　★～を書き留める　★～をふと見つける
★～で作られている　★～に基づいている

**2** ［　］に単語をあてはめて熟語を完成させましょう。

□(1) My bike [broke] [down] again.
私の自転車はまた故障した。

□(2) I [prefer] watching soccer [to] playing it.
私はサッカーをすることより見ることを好む。

□(3) She [grew] [up] to be a famous musician.
彼女は成長して有名な音楽家になった。

□(4) Guests must [check] [in] at the hotel before dinner.
客は夕食前にホテルでチェックインしなければならない。

□(5) We [had] [trouble] finding a parking lot.
私たちは駐車場を見つけるのに苦労した。

□(6) His opinion is [different] [from] yours.
彼の意見はあなたのと異なっている。

おぼえていなかった熟語は**単語帳 120 ページ**にもどって，もういちど確認しよう。

54 とてもよく出る熟語
# 動詞の働きをする熟語④

**1** 次の熟語の意味をおぼえているか確認しましょう。

- □(1) pass by ～ ～のそばを通る
- □(2) take over ～ ～を引き継ぐ
- □(3) point out ～ ～を指摘する
- □(4) stand out 目立つ
- □(5) put off ～ ～を延期する
- □(6) hand in ～ ～を提出する
- □(7) get ready for ～ ～の準備をする
- □(8) search ～ for ... …を求めて～(場所など)を探す

★～を延期する ★目立つ ★～を引き継ぐ
★～を指摘する ★～のそばを通る ★～の準備をする
★～を提出する ★…を求めて～(場所など)を探す

**2** 日本語に合うように，( )内の適する熟語を答えましょう。

□(1) Let's ( go ahead / go out ) and clean the classroom.
先に行って教室を掃除しましょう。

□(2) She ( dressed up / turned up ) for the opening ceremony.
彼女は開会式のために正装した。

□(3) Please ( take on / take off ) your shoes here.
ここでくつを脱いでください。

□(4) You ( had better take / get better take ) your umbrella with you. あなたは傘を持っていったほうがよい。

□(5) I ( happened to see / came to see ) him at the station.
私はたまたま駅で彼に会った。

□(6) I'll ( stand up / drop by ) at your office this afternoon.
私は今日の午後，あなたの事務所に立ち寄るつもりです。

おぼえていなかった熟語は**単語帳 122 ページ**にもどって，もういちど確認しよう。

55 とてもよく出る熟語

# 動詞の働きをする熟語⑤

## 1 次の熟語の意味をおぼえているか確認(かくにん)しましょう。

□(1) throw away ～ ～を捨てる

□(2) compare ～ with ... ～を…と比べる

□(3) make up *one's* mind to *do* ～することに決める

□(4) translate ～ into ... ～を…に翻訳(ほんやく)する

□(5) exchange ～ for ... ～を…と両替(りょうがえ)する

□(6) be responsible for ～ ～に対して責任がある

□(7) change *one's* mind 考えを変える

□(8) cheer ～ up ～を元気づける

★考えを変える ★～を捨てる ★～することに決める

★～を元気づける ★～を…と比べる ★～を…と両替(りょうがえ)する

★～を…に翻訳(ほんやく)する ★～に対して責任がある

## 2 日本語に合うように，(　　)内の適する熟語を答えましょう。

□(1) I'm going to ( take out / get on ) a plane tomorrow.
明日，飛行機に乗る予定です。

□(2) When I ( was in trouble / was in a hurry ), she helped me.
私が困っていたとき，彼女(かのじょ)は私を助けてくれた。

□(3) My father ( is on vacation / is in the hospital ) now.
私の父は今，入院している。

□(4) The American singer ( is popular with / is famous among ) young people.　そのアメリカ人の歌手は若者に人気がある。

□(5) Your future ( depends on / keeps on ) your decisions.
あなたの未来はあなたの決断次第(しだい)である。

□(6) I ( was able to take / was about to take ) a shower.
私はまさにシャワーを浴びようとしていた。



おぼえていなかった熟語は**単語帳 124 ページ**にもどって，もういちど確認しよう。

56 とてもよく出る熟語

# 動詞の働きをする熟語⑥

**1** 次の熟語の意味をおぼえているか確認しましょう。

□(1) hope for ～ ～を願う

□(2) look over ～ ～に目を通す

□(3) shake hands with ～ ～と握手する

□(4) keep *one's* promise 約束を守る

□(5) suffer from ～ ～に苦しむ

□(6) get out of ～ ～(車など)を降りる

□(7) make friends with ～ ～と友達に[親しく]なる

□(8) get rid of ～ ～を取り除く

★約束を守る ★～(車など)を降りる ★～を願う
★～と握手する ★～に目を通す ★～を取り除く
★～に苦しむ ★～と友達に[親しく]なる

**2** に単語をあてはめて熟語を完成させましょう。

□(1) I named my son after my grandfather.
私は祖父にちなんで息子を名づけた。

□(2) Please see to it that the door is locked.
必ずドアにかぎがかかっているように気をつけてください。

□(3) I always try to keep up with the latest trends.
私はいつも最新の動向に遅れないでついていこうとしている。

□(4) You should make efforts to achieve your goal.
あなたは目標を達成するために努力するべきだ。

□(5) Did you get over your cold?
あなたは風邪から回復しましたか。

□(6) Please make sure that you'll be there on time.
必ず時間通りにそこにいるようにしてください。

おぼえていなかった熟語は**単語帳 126 ページ**にもどって，もういちど確認しよう。

# 57 とてもよく出る熟語
# 動詞の働きをする熟語⑦

**1** 次の熟語の意味をおぼえているか確認(かくにん)しましょう。

□(1) show off ～ ～を見せびらかす

□(2) put away ～ ～を片付ける

□(3) take ～ for ... ～を…と間違(まちが)える

□(4) provide ～ with ... ～に…を提供[供給]する

□(5) run out of ～ ～がなくなる

□(6) would like ～ to *do* ～に…してもらいたい

□(7) take a seat 座る

□(8) see if ～ ～かどうか確かめる

★～を片付ける ★～がなくなる ★座る
★～を…と間違(まちが)える ★～を見せびらかす ★～に…を提供[供給]する
★～かどうか確かめる ★～に…してもらいたい

**2** ＿＿に単語をあてはめて熟語を完成させましょう。

□(1) You should stay away from the area.
あなたはその地域に近づかないほうがいい。

□(2) Let's walk around the island first.
まず島を歩いて回りましょう。

□(3) I forgot to put out the lights.
私は明かりを消すのを忘れた。

□(4) Can I take a look at your ticket?
あなたのチケットをちょっと見せてもらえますか。

□(5) The man ran after his dog immediately.
男性はすぐに自分のイヌを追いかけた。

□(6) You always rely on other people.
あなたはいつも他人を頼(たよ)っている。



おぼえていなかった熟語は**単語帳 128 ページ**にもどって，もういちど確認しよう。

# 58 とてもよく出る熟語
# 動詞の働きをする熟語⑧

**1** 次の熟語の意味をおぼえているか確認(かくにん)しましょう。

□(1) be involved in ～　　～に関わっている

□(2) be proud of ～　　～を誇(ほこ)りに思う

□(3) be in danger　　危険にさらされている

□(4) be sure of ～　　～を確信している

□(5) be expected to *do*　　～すると予想される

□(6) be independent of ～　　～から独立している

□(7) be aware of ～　　～に気づいている

□(8) be bad at ～　　～が下手である

★～を誇(ほこ)りに思う　★～が下手である　★～を確信している
★～に気づいている　★～に関わっている　★～から独立している
★～すると予想される　★危険にさらされている

**2** 日本語に合うように，(　　)内の適する熟語を答えましょう。

□(1) We ( are for / **are against** ) the proposal.
私たちはその提案に反対だ。

□(2) He ( **is satisfied with** / is filled with ) his current salary.
彼(かれ)は現在の給料に満足している。

□(3) I ( am scared of / **am tired of** ) running in the park.
私は公園を走ることに飽(あ)きている。

□(4) He ( **is unable to pick** / is likely to pick ) you up at the airport.
彼は空港にあなたを迎(むか)えに行くことができない。

□(5) Who ( is made of / **is related to** ) this matter?
だれがこの件に関係がありますか。

□(6) I ( was familiar with / **was impressed with** ) the beautiful scenery.　私は美しい景色に感銘(かんめい)を受けた。


おぼえていなかった熟語は**単語帳 130 ページ**にもどって，もういちど確認しよう。

59 とてもよく出る熟語

# 動詞の働きをする熟語⑨

## 1 次の熟語の意味をおぼえているか確認しましょう。

□(1) fill up ～　～をいっぱいにする

□(2) get along with ～　～とうまくやっていく

□(3) head for ～　～へ向かう

□(4) go wrong　故障する

□(5) lead ～ to ...　～を…に導く

□(6) come true　実現する

□(7) have fun　楽しむ

□(8) come down　降りてくる

★楽しむ　★～へ向かう　★実現する
★降りてくる　★～を…に導く　★故障する
★～とうまくやっていく　★～をいっぱいにする

## 2 日本語に合うように，(　　)内の適する熟語を答えましょう。

□(1) Shall we ( eat out / go on ) this evening?
今晩外食しましょうか。

□(2) She wants to ( take over / bring up ) her daughter to be polite.
彼女は礼儀正しくなるように娘を育てたいと思っている。

□(3) They ( looked into / carried out ) a survey on the property.
彼らは資産についての調査を実行した。

□(4) I ( went through / lived on ) a really hard time in my life.
私は人生でとてもつらい時を経験した。

□(5) What time should we ( check out / go out )?
私たちは何時にチェックアウトするべきですか。

□(6) I think I can ( take it / make it ) to the lecture.
私は講義に間に合うと思う。



おぼえていなかった熟語は**単語帳 132 ページ**にもどって，もういちど確認しよう。

60 とてもよく出る熟語

# 動詞の働きをする熟語⑩

**1** 次の熟語の意味をおぼえているか確認しましょう。

□(1) make a noise　騒ぐ
□(2) result from ～　～の結果として起こる
□(3) make sense　意味が通じる
□(4) look up to ～　～を尊敬する
□(5) pay attention to ～　～に注意する
□(6) make a difference　違いをもたらす
□(7) reach out for ～　～を取ろうと手を伸ばす
□(8) make a speech　演説[スピーチ]をする

★～を尊敬する　★騒ぐ　★演説[スピーチ]をする
★～に注意する　★～の結果として起こる　★意味が通じる
★違いをもたらす　★～を取ろうと手を伸ばす

**2** ＿に単語をあてはめて熟語を完成させましょう。

□(1) I made an appointment with her today.
私は今日，彼女と会う約束をした。

□(2) Don't leave your umbrella behind.
傘を置いていかないようにしなさい。

□(3) The heavy snow prevented him from going to school.
大雪が彼が学校に行くのを妨げた。

□(4) Please make yourself at home.
くつろいでください。

□(5) Meg will make up for her mistake.
メグは自分のミスの埋め合わせをするだろう。

□(6) I didn't mean to hurt your feelings.
私はあなたの気持ちを傷つけるつもりではなかった。

おぼえていなかった熟語は**単語帳 134 ページ**にもどって，もういちど確認しよう。

# 61 とてもよく出る熟語 その他の熟語①

## 1 次の熟語の意味をおぼえているか確認しましょう。

□(1) for instance　例えば

□(2) right away　直ちに

□(3) such as ～　～のような

□(4) the same ～ as ...　…と同じ～

□(5) as a result of ～　～の結果として

□(6) in the end　最後には

□(7) instead of ～　～の代わりに

□(8) in the past　昔は

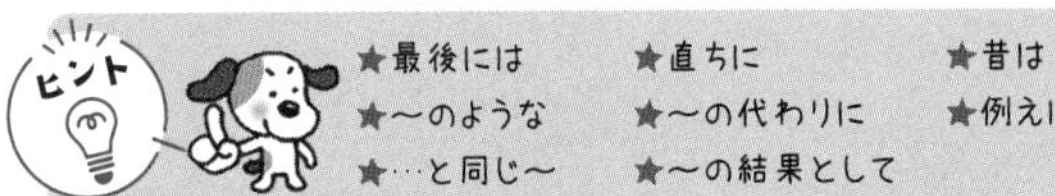


## 2 [　]に単語をあてはめて熟語を完成させましょう。

□(1) Let's get to know [each] [other].
お互い知り合いになりましょう。

□(2) He was late [because] [of] the accident.
事故のせいで，彼は遅れた。

□(3) There were [a] [number] [of] people in the museum.
博物館にはたくさんの人がいた。

□(4) The train didn't arrive at the station [on] [time].
電車は時間通りに駅に着かなかった。

□(5) [In] [fact], you are right.
実際は，あなたは正しい。

□(6) The car is [so] expensive [that] I can't buy it.
その車はとても高いので私はそれを買えない。



おぼえていなかった熟語は**単語帳 136 ページ**にもどって，もういちど確認しよう。

とてもよく出る熟語

# 62 その他の熟語②

## 1 次の熟語の意味をおぼえているか確認しましょう。

□(1) for free　無料で

□(2) in time for ～　～に間に合って

□(3) a couple of ～　2，3の～

□(4) in that case　その場合には

□(5) all the time　いつでも

□(6) a variety of ～　さまざまな～

□(7) all (the) year round　一年中

□(8) for fun　楽しみのために

ヒント
★楽しみのために　★無料で　★2，3の～
★さまざまな～　★一年中　★～に間に合って
★いつでも　★その場合には

## 2 日本語に合うように，(　)内の適する熟語を答えましょう。

□(1) I think she'll come to the event ( as usual / as well ).
彼女もまたイベントに来ると思う。

□(2) Why not come ( along with / up with ) me?
私と一緒に来ませんか。

□(3) Ken speaks Spanish ( in addition to / in front of ) English.
ケンは英語に加えてスペイン語も話す。

□(4) ( Thanks to / According to ) the radio, it will snow tonight.
ラジオによると，今夜雪が降るだろう。

□(5) He ran fast ( in order to catch / on his way to catch ) the train.
彼は電車に間に合うように速く走った。

□(6) We have ( plenty of / full of ) time today.
私たちは今日，たくさんの時間がある。

おぼえていなかった熟語は**単語帳 138 ページ**にもどって，もういちど確認しよう。

# 63 とてもよく出る熟語 その他の熟語③

**1** 次の熟語の意味をおぼえているか確認しましょう。

□(1) across from ～　～の真向かいに
□(2) as ～ as possible　できるだけ～
□(3) and so on　など
□(4) by the time ～　～するときまでに(は)
□(5) either ～ or ...　～か…のどちらか
□(6) ～ as well as ...　…だけでなく～も
□(7) on (the) average　平均して
□(8) in return for ～　～のお返しに

★平均して　★など　★～の真向かいに
★できるだけ～　★～のお返しに　★～するときまでに(は)
★…だけでなく～も　★～か…のどちらか

**2** 日本語に合うように，(　　)内の適する熟語を答えましょう。

□(1) John talks ( like that / as if ) he knew everything.
ジョンはまるで何でも知っているかのように話す。

□(2) I want to be happy ( together with / time with ) you.
私はあなたと一緒に幸せになりたい。

□(3) ( Right now / With luck ), you'll be able to see dolphins.
運がよければ，イルカを見ることができるだろう。

□(4) ( Even if / In case ) it rains, I'll go to the party tonight.
たとえ雨が降っても，私は今夜パーティーに行くつもりだ。

□(5) Mr. Smith ( no longer / far from ) works for this company.
スミスさんはもはやこの会社に勤めていない。

□(6) ( In particular / In turn ), she is interested in chemistry.
特に，彼女は化学に興味がある。



おぼえていなかった熟語は**単語帳 140 ページ**にもどって，もういちど確認しよう。

# 64 とてもよく出る熟語 その他の熟語④

**1** 次の熟語の意味をおぼえているか確認しましょう。

□(1) in a hurry　急いで

□(2) by mistake　間違って

□(3) after a while　しばらくして

□(4) by chance　偶然に

□(5) on *one's* own　1人で

□(6) by the end of ～　～の終わりまでには

□(7) at the beginning of ～　～の初めに

□(8) by nature　生まれつき

★偶然に　★急いで　★しばらくして
★～の初めに　★間違って　★～の終わりまでには
★1人で　★生まれつき

**2** □に単語をあてはめて熟語を完成させましょう。

□(1) They have been waiting in line for a long time.
彼らは長い間並んで待っている。

□(2) The rainy season will start before long.
梅雨がまもなく始まる。

□(3) What on earth are you doing?
いったい全体あなたは何をしているのですか。

□(4) The tour was canceled due to the rain.
雨が原因でそのツアーは中止になった。

□(5) I know my sister's phone number by heart.
私は姉の電話番号を暗記している。

□(6) Why don't you take a rest for a while?
しばらくの間休息したらどうですか。

おぼえていなかった熟語は**単語帳 142 ページ**にもどって，もういちど確認しよう。

# 65 とてもよく出る熟語 その他の熟語⑤

**1** 次の熟語の意味をおぼえているか確認(かくにん)しましょう。

□(1) a bunch of ～ 一束の～

□(2) thanks to ～ ～のおかげで

□(3) so that *one* can *do* ～が…できるように

□(4) in the long run 長い目で見れば

□(5) on purpose わざと

□(6) ahead of ～ ～より先に

□(7) against *one's* will ～の意志に反して

□(8) as long as ～ ～する限り

★わざと ★～する限り ★一束の～
★～のおかげで ★～より先に ★～の意志に反して
★～が…できるように ★長い目で見れば

**2** に単語をあてはめて熟語を完成させましょう。

□(1) The first time I visited Paris, I stayed at this hotel.
私は初めてパリを訪(おとず)れたとき，このホテルに泊(と)まった。

□(2) When will the item be on sale?
その商品はいつ売り出されますか。

□(3) I failed my driving test after all.
私は結局，運転免許(うんてんめんきょ)の試験に落ちた。

□(4) I'm worried about the way she works.
私は彼女の仕事のやり方を心配している。

□(5) Bob goes to school on foot every day.
ボブは毎日徒歩で学校に行く。

□(6) I haven't bought anything so far.
私は今までのところ何も買っていない。

おぼえていなかった熟語は**単語帳 144 ページ**にもどって，もういちど確認しよう。

# 66 よく出る熟語 動詞の働きをする熟語①

**1** 次の熟語の意味をおぼえているか確認(かくにん)しましょう。

□(1) work on ～ ～に取り組む
□(2) start with ～ ～で始まる
□(3) add ～ to ... ～を…に加える
□(4) stand by ～ ～を支援(しえん)する
□(5) watch out for ～ ～に気をつける
□(6) stay in bed 寝(ね)ている
□(7) separate ～ from ... ～を…と分ける
□(8) succeed in ～ ～に成功する

★～で始まる ★～に成功する ★～に気をつける
★～を支援(しえん)する ★寝(ね)ている ★～を…に加える
★～に取り組む ★～を…と分ける

**2** 日本語に合うように，(　　)内の適する熟語を答えましょう。

□(1) The rumor ( made out to be / turned out to be ) true.
そのうわさは真実であることがわかった。

□(2) I went to Tokyo Station to ( see him off / look him up ).
私は彼(かれ)を見送るために東京駅に行った。

□(3) What does the word ( stand for / stand up )?
その言葉は何を意味しますか。

□(4) The project ( came up with / ended up with ) the bad result.
そのプロジェクトは悪い結果で終わった。

□(5) Our efforts will ( result in / head for ) great success.
私たちの努力は結局大成功に終わるだろう。

□(6) He didn't ( turn up / show up ) at the event yesterday.
彼は昨日，イベントに現れなかった。

おぼえていなかった熟語は**単語帳 148 ページ**にもどって，もういちど確認しよう。

よく出る熟語

# 67 動詞の働きをする熟語②

**1** 次の熟語の意味をおぼえているか確認(かくにん)しましょう。

□(1) be on a diet　ダイエットしている
□(2) do the laundry　洗濯(せんたく)をする
□(3) be supposed to *do*　～することになっている
□(4) look into ～　～を調べる
□(5) have a sore throat　のどが痛む
□(6) have access to ～　～が利用できる
□(7) hang up　電話を切る
□(8) keep away from ～　～に近づかない

★～を調べる　★電話を切る　★～することになっている
★～が利用できる　★～に近づかない　★のどが痛む
★洗濯(せんたく)をする　★ダイエットしている

**2** 日本語に合うように，(　　)内の適する熟語を答えましょう。

□(1) Please ( hold on / keep on ) a second.
少しお待ちください。

□(2) I'll ( stand by / focus on ) improving my health.
私は健康状態を改善することに焦点(しょうてん)を合わせるつもりだ。

□(3) It ( is likely to rain / is about to rain ) tomorrow.
たぶん明日は雨が降るだろう。

□(4) Let's ( look after / go over ) this document together.
一緒(いっしょ)にこの文書を見直しましょう。

□(5) We ( are scared of / are short of ) food and water.
私たちには食べ物と水が不足している。

□(6) I ( fell down / got lost ) and hurt my knee last Sunday.
私はこの前の日曜日，転んで膝(ひざ)を痛めた。



おぼえていなかった熟語は**単語帳 150 ページ**にもどって，もういちど確認しよう。

よく出る熟語

# 68 動詞の働きをする熟語③

**1** 次の熟語の意味をおぼえているか確認(かくにん)しましょう。

□(1) be familiar with ～ ～に精通している
□(2) thank ～ for ... ～に…を感謝する
□(3) be crowded with ～ ～で混雑している
□(4) be at a loss 途方(とほう)に暮れている
□(5) be made up of ～ ～で構成されている
□(6) live on ～ ～で生活する
□(7) look down on ～ ～を見下す
□(8) would rather *do* むしろ～したい

★～で生活する ★～で混雑している ★～に精通している
★～を見下す ★～に…を感謝する ★途方(とほう)に暮れている
★～で構成されている ★むしろ～したい

**2** [ ]に単語をあてはめて熟語を完成させましょう。

□(1) Did you [make] [out] what he said?
あなたは彼(かれ)が言ったことを理解しましたか。

□(2) He [spent] all the money [on] the car.
彼はその車にすべてのお金を使った。

□(3) Why are you [jealous] [of] her?
なぜあなたは彼女(かのじょ)をねたんでいるのですか。

□(4) I [was] [disappointed] with the result.
私はその結果にがっかりした。

□(5) I can't [figure] [out] what is wrong.
私は何が悪いのかを理解することができない。

□(6) The cold season will [be] [over] soon.
寒い季節はもうすぐ終わるだろう。

▷ おぼえていなかった熟語は**単語帳 152 ページ**にもどって，もういちど確認しよう。

69 よく出る熟語

# 動詞の働きをする熟語④

**1** 次の熟語の意味をおぼえているか確認(かくにん)しましょう。

□(1) call off ～ ～を中止する

□(2) bring about ～ ～をもたらす

□(3) do ～ a favor ～のお願いを聞く

□(4) come to life 活気づく

□(5) be typical of ～ ～に特有である

□(6) break out 勃発(ぼっぱつ)する

□(7) cut off ～ ～を断(た)ち切(き)る

□(8) decide on ～ ～に決める

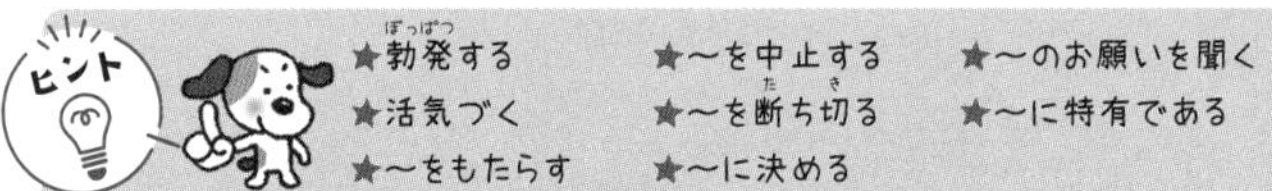


**2** ▢に単語をあてはめて熟語を完成させましょう。

□(1) I can't help eating chocolate.
私はチョコレートを食べずにはいられない。

□(2) We don't need to cut down these trees.
私たちはこれらの木を切(き)り倒(たお)す必要はない。

□(3) How did the organization break up?
その組織はどのようにして解散しましたか。

□(4) Her new mystery is worth reading.
彼女(かのじょ)の新しいミステリーは読む価値がある。

□(5) She is always complaining about her life.
彼女はいつも人生について不平を言っている。

□(6) She is used to driving a big car.
彼女は大きな車を運転するのに慣れている。



おぼえていなかった熟語は**単語帳 154 ページ**にもどって，もういちど確認しよう。

よく出る熟語

# 70 動詞の働きをする熟語⑤

**1** 次の熟語の意味をおぼえているか確認しましょう。

□(1) keep an eye on ～ ～から目を離さないでいる

□(2) go into ～ ～の中に入る

□(3) lose *one's* way 道に迷う

□(4) do ～ harm ～に損害を与える

□(5) keep ～ in mind ～を心に留めておく

□(6) have a baby 子どもを産む

□(7) get ～ to *do* ～に…させる

□(8) do ～ good ～の役に立つ

★道に迷う ★～に…させる ★～の中に入る
★～の役に立つ ★子どもを産む ★～に損害を与える
★～を心に留めておく ★～から目を離さないでいる

**2** 日本語に合うように，(　　)内の適する熟語を答えましょう。

□(1) I ( feel sorry for / feel sick for ) your illness.
私はあなたの病気を気の毒に思う。

□(2) I ( took part in / dropped in at ) the bookstore.
私は書店にちょっと立ち寄った。

□(3) Kate often ( gets lost / runs away ).
ケイトはよく道に迷う。

□(4) Some of their ideas ( go against / turn down ) the rules.
彼らの考えのいくつかは規則に反する。

□(5) I ( got rid of / lost sight of ) the dog in the park.
私は公園でそのイヌを見失った。

□(6) I really ( feel at home / stay up late ) here.
私はここで本当に気が休まる。

おぼえていなかった熟語は**単語帳 156 ページ**にもどって，もういちど確認しよう。

# 71 よく出る熟語
## 動詞の働きをする熟語⑥

**1** 次の熟語の意味をおぼえているか確認(かくにん)しましょう。

□(1) make progress　　進歩する
□(2) leave ～ alone　　～を１人にしておく
□(3) make the most of ～　　～を最大限に活用する
□(4) put ～ into practice　　～を実践(じっせん)[実行]する
□(5) replace ～ with ...　　～を…と取(と)り替(か)える
□(6) make *one's* way to ～　　～へ向かう
□(7) regard ～ as ...　　～を…と見なす
□(8) put up with ～　　～を我慢(がまん)する

★～を実践(じっせん)[実行]する　★～を我慢(がまん)する　★～へ向かう
★進歩する　★～を…と見なす　★～を１人にしておく
★～を…と取(と)り替(か)える　★～を最大限に活用する

**2** 日本語に合うように，(　　)内の適する熟語を答えましょう。

□(1) They ( made up / (lined up) ) to buy concert tickets.
彼(かれ)らはコンサートのチケットを買うために列を作った。

□(2) Don't ( look down on / (make fun of) ) me.
私をからかわないでください。

□(3) It is necessary to ( (make use of) / make little of ) the data.
そのデータを利用することが必要だ。

□(4) I ( believed in / (majored in) ) psychology at university.
私は大学で心理学を専攻(せんこう)した。

□(5) Let's ( pay attention to / (take advantage of) ) the opportunity.
その機会をうまく利用しましょう。

□(6) We have to ( (make a decision) / make a speech ) on the issue later.　私たちはあとでその問題について決断しなければならない。



おぼえていなかった熟語は**単語帳 158 ページ**にもどって，もういちど確認しよう。

72 よく出る熟語

# 動詞の働きをする熟語⑦

**1** 次の熟語の意味をおぼえているか確認しましょう。

□(1) take a nap　昼寝をする

□(2) turn ～ into ...　～を…に変える

□(3) remind ～ of ...　～に…を思い起こさせる

□(4) take *one's* time　ゆっくりやる

□(5) take the place of ～　～の代わりをする

□(6) appeal to ～　～に訴える

□(7) take ～ into account　～を考慮に入れる

□(8) tell a lie　うそをつく

★ゆっくりやる　★昼寝をする　★～の代わりをする
★～を…に変える　★～を考慮に入れる　★～に…を思い起こさせる
★うそをつく　★～に訴える

**2** ＿に単語をあてはめて熟語を完成させましょう。

□(1) People are now free from fear.
人々は今，恐怖から解放されている。

□(2) We are grateful for your cooperation.
私たちはあなたの協力に感謝している。

□(3) Take care and have fun.
気をつけて楽しんでください。

□(4) Please feel free to stop by our office.
気軽に私たちの事務所に立ち寄ってください。

□(5) Could you speak up a little?
もう少し大きな声で話していただけますか。

□(6) Mia is capable of teaching French.
ミアはフランス語を教えることができる。

おぼえていなかった熟語は**単語帳 160 ページ**にもどって，もういちど確認しよう。

# 73 よく出る熟語
## 動詞の働きをする熟語⑧

**1** 次の熟語の意味をおぼえているか確認(かくにん)しましょう。

□(1) take after ～　～に似ている
□(2) lose *one's* balance　バランスを崩(くず)す
□(3) let ～ down　～を失望させる
□(4) do nothing but *do*　～してばかりいる
□(5) be out of the question　問題にならない
□(6) take ～ back to ...　～を…に返品する
□(7) go out of business　倒産(とうさん)する
□(8) have a chance to *do*　～する機会がある

★倒産(とうさん)する　★～してばかりいる　★～に似ている
★～を失望させる　★～する機会がある　★～を…に返品する
★バランスを崩(くず)す　★問題にならない

**2** ［　］に単語をあてはめて熟語を完成させましょう。

□(1) I ［ran］［into］ Lily at the party last weekend.
私は先週末，パーティーでリリーと偶然(ぐうぜん)出会った。

□(2) He ［took］［a］［bite］ out of the pizza.
彼(かれ)はピザを一口食べた。

□(3) He is ［sick］［of］ working long hours.
彼は長時間働くことにうんざりしている。

□(4) ［Look］［out］ for the cars.
車に用心してください。

□(5) Sports ［play］ an important ［role］［in］ our life.
スポーツは私たちの生活の中で重要な役割を果たす。

□(6) Ben ［lost］［control］ when he heard the news.
ベンはその知らせを聞いたとき，自制を失った。



おぼえていなかった熟語は**単語帳 162 ページ**にもどって，もういちど確認しよう。

# 74 よく出る熟語 その他の熟語①

**1** 次の熟語の意味をおぼえているか確認(かくにん)しましょう。

□(1) in practice　実際上は

□(2) in advance　あらかじめ

□(3) by accident　偶然に

□(4) in conclusion　結論として

□(5) in spite of ～　～にもかかわらず

□(6) to begin with　最初に

□(7) from now on　今後ずっと

□(8) for sure　確かに

★結論として　★今後ずっと　★実際上は
★偶然に　★あらかじめ　★最初に
★～にもかかわらず　★確かに

**2** 日本語に合うように，(　　)内の適する熟語を答えましょう。

□(1) She is right ( in the end / **in a sense** ).
彼女(かのじょ)はある意味では正しい。

□(2) ( **In reality** / In addition ), it is difficult to live alone.
実際は，1人で生活するのは難しい。

□(3) This novel is ( far from / **by far** ) the most exciting of all.
この小説はすべての中で断然最もわくわくする。

□(4) It will take ten minutes ( **at the most** / at the least ) to walk to the museum.　博物館まで歩いてせいぜい10分だろう。

□(5) ( In my opinion / **In other words** ), this job is not for me.
言(い)い換(か)えれば，この仕事は私に向いていない。

□(6) Who is ( in front of / **in charge of** ) the sales department?
だれが営業部を担当していますか。

おぼえていなかった熟語は**単語帳 164 ページ**にもどって，もういちど確認しよう。

75

よく出る熟語

# その他の熟語②

## 1 次の熟語の意味をおぼえているか確認(かくにん)しましょう。

□(1) out of order　故障して

□(2) not only ～ but also ...　～だけでなく…も

□(3) to *one's* surprise　～が驚(おどろ)いたことに

□(4) whether ～ or not　～であろうとなかろうと

□(5) of *one's* own　自分自身の

□(6) now that ～　今はもう～だから

□(7) over and over again　何度も

□(8) just in case　万一に備えて

★自分自身の　★故障して　★今はもう～だから
★～が驚(おどろ)いたことに　★万一に備えて　★何度も
★～だけでなく…も　★～であろうとなかろうと

## 2 日本語に合うように，(　　)内の適する熟語を答えましょう。

□(1) She thinks of ( nothing but / anything but ) herself.
彼女(かのじょ)はただ自分のことだけを考えている。

□(2) Jack has ( no less than / no more than ) ten dollars today.
ジャックは今日，10 ドルしか持っていない。

□(3) Each of us took a shower ( in time / in turn ).
私たちはそれぞれ順番にシャワーを浴びた。

□(4) I got up earlier ( as usual / than usual ).
私はいつもより早く起きた。

□(5) I told him to handle the package ( with care / for sure ).
私は彼(かれ)に気をつけてその荷物を扱(あつか)うように言った。

□(6) Those devices are ( out of date / up to date ).
それらの機器は時代遅れ(じだいおく)だ。



おぼえていなかった熟語は**単語帳 166 ページ**にもどって，もういちど確認しよう。

76 よく出る熟語

# その他の熟語③

**1** 次の熟語の意味をおぼえているか確認(かくにん)しましょう。

□(1) in place of ～ ～の代わりに

□(2) as far as I know 私の知る限りでは

□(3) above all とりわけ

□(4) that is because ～ それは～だからである

□(5) in the middle of ～ ～の真ん中で

□(6) all of a sudden 突然(とつぜん)

□(7) without fail 必ず

□(8) on *one's* way to ～ ～へ行く途中(とちゅう)で

★突然(とつぜん) ★とりわけ ★私の知る限りでは
★必ず ★～の真ん中で ★～へ行く途中(とちゅう)で
★～の代わりに ★それは～だからである

**2** に単語をあてはめて熟語を完成させましょう。

□(1) Some people like coffee, others like tea.
コーヒーが好きな人もいれば，紅茶が好きな人もいる。

□(2) All at once, I felt sad.
突然，私は悲しく感じた。

□(3) My father is as busy as ever.
私の父は相変わらず忙(いそが)しい。

□(4) It's up to you.
それはあなた次第(しだい)である。

□(5) That's how we started a new company.
そのようにして私たちは新しい会社を始めた。

□(6) Everyone is busy except for Jim.
ジムを除いてはみんなが忙しい。

おぼえていなかった熟語は**単語帳 168 ページ**にもどって，もういちど確認しよう。

## 77 よく出る熟語 その他の熟語④

**1** 次の熟語の意味をおぼえているか確認(かくにん)しましょう。

□(1) once in a while　ときどき
□(2) at the sight of ～　～を見て
□(3) as you know　知っての通り
□(4) by turns　～になったり…になったり
□(5) for one thing　1つには
□(6) at a time　一度に
□(7) every other day　1日おきに
□(8) for a minute　ちょっとの間

★～を見て　★1つには　★ちょっとの間
★ときどき　★1日おきに　★知っての通り
★一度に　★～になったり…になったり

**2** ▢に単語をあてはめて熟語を完成させましょう。

□(1) Our house is located by the side of the lake.
私たちの家は湖のそばにある。

□(2) I like to eat out from time to time.
私はときどき外食するのが好きだ。

□(3) We call him Josh for short.
私たちは彼(かれ)を略してジョシュと呼ぶ。

□(4) We can see many kinds of flowers here and there.
私たちはあちこちでたくさんの種類の花を見ることができる。

□(5) I'm living in Sydney at the moment.
私は今，シドニーに住んでいる。

□(6) Ben visits his grandparents every now and then.
ベンはときどき，祖父母を訪ねる。



おぼえていなかった熟語は**単語帳 170 ページ**にもどって，もういちど確認しよう。

78 よく出る熟語

# その他の熟語⑤

## 1 次の熟語の意味をおぼえているか確認しましょう。

□(1) in the distance　遠くに[で]

□(2) in the short run　短期的に見れば

□(3) more ～ than *one* expected　…が思っていた以上に～

□(4) in the wrong direction　間違った方向に

□(5) in the first place　そもそも

□(6) in any case　とにかく

□(7) little by little　少しずつ

□(8) in many ways　いろいろな点で

★とにかく　★遠くに[で]　★間違った方向に
★そもそも　★少しずつ　★短期的に見れば
★いろいろな点で　★…が思っていた以上に～

## 2 日本語に合うように，(　)内の適する熟語を答えましょう。

□(1) ( In general / In fact ), dogs like to play outside.
一般的に，イヌは外で遊ぶのが好きだ。

□(2) ( If only / Even if ) I knew his phone number.
彼の電話番号を知ってさえいれば。

□(3) I believe she is ( what is more / more or less ) correct.
私は，彼女は多かれ少なかれ正しいと信じている。

□(4) Please tell me the story ( in detail / in return ).
私にその話を詳細に教えてください。

□(5) ( In contrast / In particular ), he lives in the countryside.
対照的に，彼は田舎に住んでいる。

□(6) It is safer to travel ( in a way / in a group ) than alone.
1人よりグループで旅行するほうが安全だ。

おぼえていなかった熟語は**単語帳 172 ページ**にもどって，もういちど確認しよう。

# 79 よく出る熟語 その他の熟語⑥

**1** 次の熟語の意味をおぼえているか確認(かくにん)しましょう。

□(1) speaking of ～ ～と言えば
□(2) sooner or later 遅(おそ)かれ早かれ
□(3) over a cup of coffee コーヒーを飲みながら
□(4) not so much ～ as ... ～というより…
□(5) neither ～ nor ... ～も…もない
□(6) one another お互(たが)い
□(7) regardless of ～ ～に構わず
□(8) one by one 1つずつ

★～と言えば ★1つずつ ★～というより…
★遅(おそ)かれ早かれ ★～も…もない ★～に構わず
★お互(たが)い ★コーヒーを飲みながら

**2** 日本語に合うように，(　　)内の適する熟語を答えましょう。

□(1) How many people are ( on board / on fire ) the ship?
何人が船に乗っていますか。

□(2) Something is ( different with / wrong with ) the hair dryer.
ヘアドライヤーの調子が悪い。

□(3) The cats were sitting ( side by side / little by little ).
ネコたちは並んで座っていた。

□(4) He was ( on the point of / in the course of ) saying something.
彼(かれ)はまさに何か言おうとしていた。

□(5) The express train left ( after all / on schedule ).
急行列車は予定通りに出発した。

□(6) The cars came ( all the way / one after another ).
車が次から次へと来た。



おぼえていなかった熟語は**単語帳 174 ページ**にもどって，もういちど確認しよう。

# 80 よく出る熟語
## その他の熟語⑦

**1** 次の熟語の意味をおぼえているか確認しましょう。

| | |
|---|---|
| □(1) for a change | 気分転換に |
| □(2) to be honest with you | 正直に言うと |
| □(3) the last ～ to *do* | 最も…しそうにない～ |
| □(4) at the risk of ～ | ～の危険を冒して |
| □(5) at length | 詳細に |
| □(6) to the point | 的を射た |
| □(7) that's why ～ | そのようなわけで～ |
| □(8) some other time | いつか別のときに |

★詳細に　★的を射た　★正直に言うと
★そのようなわけで～　★気分転換に　★～の危険を冒して
★いつか別のときに　★最も…しそうにない～

**2** ＿に単語をあてはめて熟語を完成させましょう。

□(1) Don't turn the box upside down.
箱を逆さまにしないでください。

□(2) I'm not good at speaking in public.
私は人前で話すのが得意ではない。

□(3) What is worse, it has begun to snow.
さらに悪いことには，雪が降り始めた。

□(4) It is a good question, to be sure.
確かに，それはよい質問だ。

□(5) To tell you the truth, I don't like my job.
実を言えば，私は自分の仕事が好きではない。

□(6) What he does is none of my business.
彼がすることは私の知ったことではない。

おぼえていなかった熟語は**単語帳 176 ページ**にもどって，もういちど確認しよう。

2 1 0 9 8 7 6 5 4 3
* * D C B